Weck den Buddha in dir

Wege zu innerer Stärke

Weck den Buddha in dir

Wege zu innerer Stärke

von

Wilfried Reuter

in Zusammenarbeit mit Holger Wicht

edition steinrich

Bibliografische Information der Deutschen Bibliothek:
Die Deutsche Bibliothek verzeichnet diese Publikation in der Deutschen Nationalbibliografie; detaillierte bibliografische Daten sind im Internet über http://dnb.ddb.de abrufbar.

www.edition-steinrich.de

Umschlaggestaltung: Ingeburg Zoschke, Berlin
Gestaltung und Satz: Traudel Reiß
Druck: Westermann Druck Zwickau
Printed in Germany

ISBN 978-3-942085-08-3

Gewidmet allen Menschen von Lotos-Vihara,
in Dankbarkeit und Verbundenheit

Inhalt

Vorbemerkung 9
Weck den Buddha in dir! 11
Sich auf die Freude ausrichten 17
Mitgefühl mit sich selbst entwickeln 29
Sein lassen 48
Wege aus der Angst 66
Selbstvertrauen statt Selbstzweifel 93
Verzeihen 113
Geduld üben 134
Das Spürbewusstsein entdecken 151
Nachwort 173

Anhang
Sila – die Tugendregeln 175
Metta-Sutta 177
Meditationsanleitungen 179
- Metta-Meditation: Bach 180
- Metta-Meditation: Wünsche und Bedürfnisse 183
- Übung: Wohlfühlort 186
- Achtsamkeitsmeditation 189

Danksagung 195
Über den Autor 197
Das Lotos-Vihara-Meditationszentrum 200

Vorbemerkung

Liebe Leserin, lieber Leser, in diesem Buch spreche ich dich persönlich an. Ich habe dafür die »Du«-Form gewählt, denn ich empfinde sie als direkt und herzlich. Das »Sie« schafft leicht eine Distanz, die nicht gut zur spirituellen Praxis passt. Auch in meinen Vorträgen spreche ich meine Zuhörerinnen und Zuhörer mit »du« an und habe damit gute Erfahrungen gemacht.

Bei der Bearbeitung der Vortragstexte, die diesem Buch zugrunde liegen, habe ich großen Wert darauf gelegt, dass sie möglichst leicht verständlich sind – auch für Menschen, die mit dem Buddhismus bisher nicht vertraut sind. Mit Fachwörtern und manchen buddhistischen Ausdrücken bin ich sparsam und vorsichtig umgegangen. Wenn sie Verwendung finden, dann werden sie im Text erklärt.

Für einige Begriffe aus alten indischen Sprachen gibt es keine deutsche Übersetzung, die dem ursprünglichen Wort genau entsprechen würde. Diese Begriffe haben deswegen Eingang in den allgemeinen buddhistischen Wortschatz gefunden. Die meisten von ihnen stammen aus dem Pali, der Sprache, in der vor mehr als 2000 Jahren die Lehrreden des Buddha niedergeschrieben wurden, und der indischen Gelehrtensprache Sanskrit. Die beiden Sprachen sind einander sehr ähnlich. Folgende Wörter finden in diesem Buch Verwendung:

Dukkha ist ein zentraler Begriff im Buddhismus. Das Wort bedeutet Leiden in einem sehr umfassenden Sinne. Dazu gehört jede Form unangenehmer Geisteszustände, also zum Beispiel auch Unerfülltheit, Nervosität oder Angst. Dukkha erfahren wir in jedem Moment, in dem wir nicht vollkommen zufrieden und erfüllt sind.

Dana bedeutet Freigebigkeit, und zwar ebenfalls in einem sehr umfassenden Sinn. Das Wort steht für die Praxis, Menschen und andere Lebewesen zu unterstützen, wann immer wir können. Das kann durch materielle Gaben geschehen, aber ebenso, indem wir ihnen Zeit und Aufmerksamkeit schenken.

Sila bedeutet Tugend. Das Wort steht für das Bemühen, alles zu unterlassen, was uns selbst und anderen schadet, und stattdessen zu tun, was ihnen und uns selbst nachhaltig gut tut. (Zu Sila finden sich im Anhang weitere Erläuterungen.)

Dhamma ist der traditionelle Pali-Begriff für die Lehre des Buddha und entspricht dem Sanskrit-Wort Dharma.

Mit *Sangha* ist hier die Gemeinschaft buddhistisch Praktizierender gemeint.

Nicht zuletzt findet in diesem Buch auch der »bürgerliche Name« des Buddha Verwendung. In Pali lautet er Siddhatta Gotama. Ich verwende aber die geläufigere Sanskrit-Variante Siddhartha Gautama.

Weck den Buddha in dir!

Vermutlich gibt es auch in deinem Leben Zeiten, da geht alles ganz leicht. Die Menschen mögen dich, du erlebst Wertschätzung, du hast Erfolg. Selbst wenn etwas schief geht, wirft dich das nicht aus der Bahn. Du kannst es lächelnd wegstecken und weitergehen. Du bist in Einklang mit dir und deinem Leben. In solchen Zeiten denkst du: »Jetzt endlich hab ich's!«

Aber dann, wie durch eine geheimnisvolle Kraft, erlebst du wieder das genaue Gegenteil. Alles scheint sich gegen dich verschworen zu haben. Du fühlst dich beschwert und kraftlos, ächzt unter deinem vollen Terminkalender und der Hausarbeit, die nie aufhört.

Vielleicht fällst du durch eine Prüfung oder wirst an deinem Arbeitsplatz kritisiert. Dauernd scheint jemand etwas an dir auszusetzen zu haben. Du fühlst dich von den Menschen um dich herum nicht ernst genommen und erlebst häufig Verletzungen.

Du kannst dein eigenes Leben nicht mehr richtig leiden und lehnst dich dagegen auf. Und die Angst ist wieder da. Die Angst vor der Zukunft, vor dem Verlust des Arbeitsplatzes oder eines lieben Menschen. Kurz: Du erlebst wieder Zeiten, in denen du dich nicht erfüllt fühlst und deine innere Stimme sagt: »So habe ich mir mein Leben nicht vorgestellt.«

Meistens meinen wir genau zu wissen, was uns Schwierigkeiten macht: Natürlich ist der Chef schuld. Der Partner, der sich nicht um uns kümmert. Die beste Freundin, die nicht zuhört. Und dann sind da noch die Raten für das neue Auto. Wie sollen wir da glücklich sein? Woher die Leichtigkeit nehmen?

Der Buddha hat von den »acht weltlichen Winden« gesprochen, denen wir ausgesetzt sind wie dem Wetter. Es handelt sich um vier Gegensatzpaare, vier der Winde sind angenehm, die anderen vier unangenehm: Wir können uns über (materiellen) *Gewinn* freuen oder haben *Verluste* zu beklagen. Wir machen *angenehme* oder *schmerzhafte* Sinneserfahrungen. Wir werden *beachtet* – oder wir werden *ignoriert*. Und schließlich bekommen wir *Lob* und *Anerkennung* – oder wir werden *kritisiert* oder *schlecht gemacht*.

Oft kontrolliert die Außenwelt unsere Innenwelt.

Jeden Menschen treffen diese Aufwinde und Abwinde zu verschiedenen Zeiten, aus verschiedenen Richtungen und mit verschiedener Stärke. Bis zu einem gewissen Grad können wir sie beeinflussen, aber wir werden sie nie kontrollieren können. Viel eher kontrollieren sie uns. Wenn wir mit Schwierigkeiten zu tun haben, klagen wir über die Last, die uns das Leben auferlegt, oder versuchen die Situation zu verändern. Irgendwann widerfährt uns dann plötzlich Gutes. Wir bekommen den begehrten Job, werden befördert, verlieben uns oder … setze ein, was immer du dir vielleicht gerade wünschst. Plötzlich geht es uns gut. Die Welt ist wieder in Ordnung.

Mit anderen Worten: Wir leben ein Leben wie auf einer Wippe – mal hoch, mal runter. Unsere Stimmungen und Gefühle sind dabei abhängig vom äußeren Geschehen und unserem Körper. Wir lassen zu, dass die Außenwelt unsere Innenwelt bestimmt, und glauben, dass wir im Außen Erfüllung finden könnten.

Die Wurzeln dieser Außenorientierung reichen zurück in die frühe Kindheit. Als du ein Baby warst, wurden deine körperlichen Bedürfnisse von deiner Mutter gestillt. War sie ein liebevoller Mensch, ging es dir gut. Gelernt hast du dabei: Erfüllung kommt von außen. Dabei hatte das Außen schon damals nur Vergängliches zu bieten.

Trotzdem versuchst du weiterhin, deine Bedürfnisse über die Sinne in der Außenwelt zu stillen. Die Bedürfnisse sind mittlerweile feiner und verzweigter, und du erlebst täglich vielerlei Sinneskontakte. Sie alle sind von verschiedenen Bedingungen abhängig und vergänglich. So machst du bei dem Versuch, deine Sehnsucht zu stillen, immer wieder die Erfahrung von Verlust und Enttäuschung. Doch deine Sehnsucht ruft nach dauerhafter Befriedung. Du strebst nach Erfüllung bis zu deinem letzten Tag.

Dauerhafte Erfüllung ist nicht im Vergänglichen zu finden.

Bei meiner Arbeit als Frauenarzt in Berlin-Kreuzberg erlebe ich häufig, wie Patientinnen plötzlich in große Schwierigkeiten geraten. Manchen muss ich mitteilen, dass ihr Kind in ihrem Bauch gestorben ist oder dass es behindert sein wird. Andere erfahren von mir, dass sie an Krebs erkrankt sind. Und wieder andere erzählen mir, dass der Vater ihres ungeborenen Kindes das Weite gesucht hat und sie nun alleine dastehen.

Es gibt – vereinfacht gesagt – zwei Arten von Reaktionen auf solche Hiobsbotschaften. Die einen Menschen geraten ins Wanken, erleben große Angst und fühlen sich ihrer Situation hilflos ausgeliefert. Die anderen kommen nach einer kurzen Phase der Irritation schnell wieder ins Gleichgewicht. Sie erleben sehr bewusst, was ihnen geschieht, können es akzeptieren und besonnen darauf reagieren.

Vor dem Hintergrund dieser verschiedenen Reaktionen habe ich mich gefragt: »Was zeichnet Menschen aus, die auch in schwierigen Situationen nicht den Halt verlieren? Was trägt, wenn's drauf ankommt?« Ich fand heraus, dass solche Menschen über Kraftquellen verfügen. Bei den meisten haben diese mit spiritueller Praxis zu tun: »Ich bin gläubig«, antworteten sie mir auf meine Nachfrage, »Im Gebet komme ich zur Ruhe.« Oder: »Ich meditiere.« Auch die Verbindung mit der Natur ist für manche eine wertvolle Hilfe.

Eine Kraftquelle hilft, Schwierigkeiten standzuhalten. Sie sollte unabhängig sein von äußeren Bedingungen.

Was zeichnet eine Kraftquelle aus? Das Wichtigste: Sie muss möglichst jederzeit zugänglich sein und sollte möglichst wenig von äußeren Faktoren abhängen. Eine Urlaubsreise kann mir zwar helfen, Kraft zu schöpfen – aber wenn ich schwer erkranke oder finanziellen Ruin erlebe, bleibt mir bestenfalls die angenehme Erinnerung. Wenn ich meine Kraft aus der Gartenarbeit schöpfe, dann aber plötzlich auf einer Intensivstation liege, ist mir der Zugang zur Kraftquelle nicht möglich. Für manche Menschen ist auch der Körper eine Kraftquelle, sie trainieren ihn im Fitnessstudio und sind stolz auf ihn. Aber der Körper wird mit der Zeit zwangsläufig seine Kraft verlieren, er wird altern und krank werden. Sehr viele Menschen sagen mir: Meine Familie ist meine Kraftquelle. Es ist natürlich schön, aus dem Familienleben Kraft zu schöpfen, aber was ist, wenn die Familie bei einem Unfall ums Leben kommt? Dann ist im selben Moment die Kraftquelle gestorben, die ich jetzt so dringend bräuchte.

Meine Patientinnen, die in ihren Krisen gut zurechtkamen, hatten ihre Kraftquellen schon vorher gefunden. Die Kraftquellen gehörten ganz selbstverständlich zu ihrem Leben. Nur deswegen hatten sie Zugriff darauf, als es hart auf hart kam. Wir alle tun gut daran, die leichteren Zeiten im Leben zu nutzen, um unsere Kraftquellen zu erschließen und den Weg dorthin zu ebnen, damit sie stets gut erreichbar sind.

Der Weg nach innen beginnt damit, dass wir im Alltag häufiger innehalten. »Wer innehält, erhält innen Halt«, heißt es im *Tao Te King*, dem Weisheitsbuch des Taoismus. Anders formuliert: Innehalten ermöglicht dir, dich aus äußeren Aktivitäten zurückzuziehen und zu verstehen, was in dir geschieht. So kannst du Gefühle rechtzeitig erkennen, Verhaltensmuster durchschauen und die Stärke entwickeln, die in dir liegt.

Ich selbst habe eine schwere Krankheit erlebt und kenne finanzielle Sorgen aus eigener Erfahrung. Familiäre Konflikte sind mir nicht unbekannt und auch in unserer buddhistischen Gemeinschaft in Berlin erlebe ich manchmal Unverständnis und persönliche Enttäuschung. All diese Situationen begreife ich als wichtige Momente der Praxis. Ich finde meine Kraft beim Buddha und seiner Lehre.

»Wer innehält, erhält innen Halt.«

Der Buddha bedeutet für mich vollkommene Klarheit, grenzenlose Liebe und annehmende Gelassenheit. Die Anlagen zu diesen Qualitäten finden sich in jedem Menschen. Die Lehre des Buddha bietet eine unvergleichliche Anleitung, sie zu entwickeln – zeitlos und für jeden praktikabel. Auch du kannst den Buddha in dir wecken!

Aus meinen Erfahrungen entstand im Lotos-Vihara-Meditationszentrum ein Vortragszyklus zum Thema Kraftquellen. Schülerinnen und Schüler haben die darin geschilderten Anregungen als hilfreich empfunden. So haben wir uns schließlich entschieden, aus diesen Vorträgen ein Buch zu machen. Dieses Buch hältst du nun in den Händen. Möge es dir dabei helfen, die unerschöpfliche Kraft in dir selbst zu erschließen.

Sich auf die Freude ausrichten

Im Buddhismus ist oft von Freude die Rede. Freude ist ein Zustand, in dem Leid kaum oder gar nicht spürbar ist. Freude können wir dementsprechend erleben, wenn wir das Leiden auflösen. Darauf zielt die Lehre des Buddha. Er hat es ganz klar formuliert: »Ich lehre nur eines, früher wie heute: das Leiden und *das Ende* des Leidens.«[1]

Jeder von uns hat schon Freude erlebt und sie wieder verloren. Vielleicht gehörst du zu den vielen Menschen, die glauben, Freude habe mit bestimmten Umständen zu tun, mit Ereignissen und Erlebnissen. Möglicherweise hast du aber auch von spirituellen Lehrern gehört, die versichern: »Freude ist möglich, ohne dass etwas Erfreuliches geschieht. Einfach nur, weil wir die Freude bereits in der Tiefe in uns tragen.« Dieses Potenzial zu entdecken bedeutet nicht nur große Erleichterung, sondern wir erschließen uns so auch eine wichtige Kraftquelle. Freude macht uns stark und unternehmungslustig. Der Buddha empfiehlt uns sehr, uns um Freude zu bemühen, denn sie ist eine wichtige Grundlage unserer spirituellen Entwicklung.

1 Anuradha-Sutta, Gruppierte Sammlung 22,86 und 44,2

Leider fällt es uns immer wieder schwer, dieses Potenzial auszuschöpfen. Ein durch und durch freudvolles Leben ist für die meisten Menschen schwer vorstellbar. Wir sehen auf unsere vielfältigen Schwierigkeiten und kämpfen dagegen an, so gut wir können. Vielleicht empfinden wir sie als Pech oder als Strafe oder wir glauben, sie durch Ungeschicklichkeit selbst verschuldet zu haben. Schwierigkeiten können uns lähmen und bedrücken. Doch sie können uns auch bewusster werden lassen und eine ganz neue Perspektive ermöglichen.

Schwierigkeiten als Signal nehmen

Siddhartha, der später zum Buddha, zum Erwachten, wurde, machte sich auf den Weg, weil er erkannt hatte, dass er wie alle Menschen altern, krank werden und sterben würde. Ohne diese schmerzhafte Erkenntnis hätte er nicht begonnen zu praktizieren und wäre nicht erleuchtet worden. Nachdem er zum Buddha geworden war, hat er deshalb Krankheit, Alter und Tod als Götterboten bezeichnet, die uns eine wichtige Botschaft überbringen.

Alter, Krankheit und Tod sind Götterboten.

In unserem Zentrum in Berlin gibt es eine Meditationsgruppe von Menschen mit Krebserfahrung. Bei manchen von ihnen liegt die Krankheit bereits etwas zurück, sie haben Therapien abgeschlossen und es geht ihnen gesundheitlich wieder viel besser.

Sie alle berichten, dass sie die Erfahrungen, die sie aufgrund ihrer Krankheit gemacht haben, nicht mehr missen wollen. Sie haben sie als Bereicherung erlebt. Diese Menschen haben erkannt, dass ihr Krebs ihnen etwas sagen wollte – dass sie etwas lernen konnten, was ihr Leben zum Positiven verändert hat. In der Krankheit lag ein Sinn, den sie in der Situation selbst vielleicht noch nicht erkennen konnten.

Krankheiten als Botschaften zu sehen ist ein radikaler Wechsel der Perspektive, denn normalerweise betrachten wir sie als Störenfriede, als Strafe, Fluch oder Unglück. Sie kommen über uns, und wir versuchen, sie möglichst schnell wieder loszuwerden. Wie begegnest du aber einem Götterboten? Mit Wut, Abwehr oder Ignoranz? Ein Bote kommt zu uns, um eine wichtige Nachricht zu überbringen. Wir tun gut daran, ihn einzulassen und zu hören, was er zu sagen hat.

Wenn wir schwere Krankheiten erleben, werden wir uns möglicherweise unserer Verletzlichkeit und Vergänglichkeit bewusst und setzen uns mit dem Tod auseinander. Der Götterbote führt uns zu einem tieferen Verständnis vom Wesen des Körpers und des Geistes. Er erinnert uns daran, dass dauerhaftes Glück nicht über sinnliche Freude zu erreichen ist, unter anderem weil uns ein intakter Körper und seine Sinne nur begrenzte Zeit zur Verfügung stehen.

Wir beginnen uns zu fragen: »Wenn das Leben begrenzt ist – was möchte ich damit anfangen?« So führt uns die Krankheit zu der Frage, ob wir in unserem Leben die richtigen Prioritäten setzen. Was hat für uns wirklich einen Wert? Wer oder was trägt uns, jetzt, da wir Halt so dringend benötigen? Wie sieht es in unserem Leben aus mit Liebe, Wärme, Zufriedenheit? Haben wir uns bisher genug darum gekümmert?

Wie Krankheiten lassen sich auch andere Schwierigkeiten als Götterboten betrachten. Statt dich mit Händen und Füßen gegen sie zu wehren, kannst du dich fragen: »Was kann ich lernen aus dieser Trennung, diesem Verlust, dieser Enttäuschung?« Versuch einmal, nicht unmittelbar mit Kampf und Krampf zu reagieren, sondern akzeptiere die gegenwärtige Situation – wenigstens für einen Moment.

Akzeptanz ist der Schlüssel zum Verständnis. Was du nicht akzeptierst, kannst du nicht verstehen – das ist ein Naturgesetz. Die gegenwärtige Situation anzunehmen ist außerdem immer unmittelbar mit Erleichterung verbunden. Statt dich in inneren Kämpfen zu verzehren, richte dich aus auf das, was dich tragen und dir Kraft geben kann.

Lob der Freude

Die Vorzüge der Freude sind offenkundig: Freudige Menschen sind freundlicher, aufgeschlossener, hilfsbereiter – weniger mit sich selbst beschäftigt. Wenn du dich also um mehr Freude kümmerst, bedeutet das nicht, dass du dich auf einen Egotrip begibst, sondern es kommt allen zugute, mit denen du zu tun hast.

Freude öffnet, verbindet, steckt an. Und sie ermöglicht dir und anderen Entwicklung. Es ist darum wichtig, sich in allen Lebenssituationen auf Freude auszurichten – auch in

Zeiten, in denen Schwierigkeiten dominieren. Die Freude ist schon von vielen klugen und bekannten Menschen gepriesen worden:

- »Freude ist Nahrung für den Geist«, sagt der thailändische Meditationsmeister Buddhadasa.
- »Freude, schöner Götterfunken, Tochter aus *Elysium*«, heißt es in Friedrich Schillers Ode *An die Freude*. Ludwig van Beethoven hat sie in seiner 9. Sinfonie erklingen lassen. Elysium kommt aus der griechischen Mythologie und bedeutet: Insel der Seeligen, Heiligen, Todlosen.
- »Freude ist so wichtig wie die Tränke für die Kuhherde«, sagt der Buddha. Mit anderen Worten: Freude ist unverzichtbar.

Viele medizinischen Studien zeigen: Freude und Humor sind gesund. Keine einzige Studie belegt: Freude ist ungesund oder schadet. Wenn Freude aufkommt, geht die Einengung durch das Ego zurück. Wir sind offener, erleben uns als stimmig, ausgeglichen und voller Selbstvertrauen. Dies trägt auf einfache Weise zu Gesundheit und Wohlbefinden bei und stärkt die Selbstheilungskräfte.

Vor nicht allzu langer Zeit starb die älteste Frau der Welt, eine Holländerin, mit 117 Jahren. Zum 116. Geburtstag fragte sie jemand, wie sie das mache, so alt zu werden. Ihre Antwort: »Es ist eigentlich ganz einfach. Man darf nur nicht aufhören zu atmen.«

Blockaden erkennen und lösen

Auch du kannst mehr Freude in dein Leben bringen, indem du dich entschließt, dich aktiv darum zu kümmern. Um mehr Freude zu erleben, gilt es zunächst darauf zu achten, womit du Freude in dir blockierst.

Manche Menschen glauben, angesichts des vielen Leidens in ihrem Umfeld oder in der Welt dürften und könnten sie sich nicht freuen. Hinter dieser Haltung steckt nach Einschätzung von Psychologen oft subtile Selbstablehnung. Wenn es dir auch so geht, frage dich einmal, wie du anderen Menschen eher helfen kannst: Indem du ihnen mitleidig, traurig und jammernd entgegentrittst? Oder eher, wenn du ihnen zuversichtlich, in deiner Kraft, mit einem freudigen Gesichtsausdruck begegnest?

Manche Menschen neigen dazu, Anlässe zur Freude zu verkleinern oder zu entwerten. Damit blockieren sie ebenfalls die Freude, und zwar in sich selbst wie in anderen.

Vergleichen dämpft Freude.

Auch die Neigung, sich zu vergleichen, reduziert Freude. Da die meisten Menschen sich vorrangig mit solchen Menschen vergleichen, die mehr zu haben scheinen – zum Beispiel mehr Geld, Ansehen, Beliebtheit oder Glück – schaffen sie selbst die Bedingungen für ihre Unzufriedenheit. Vergleichendes Konkurrieren lässt keinen Raum für Freude, ebenso wenig kann Freude entstehen, wenn man andere abwertet, um selbst besser dazustehen.

Wenn du die Strukturen durchschaust, mit denen du Freude blockierst, kannst du dich wieder der Ausgangsfrage zuwenden: »Wie kann ich mehr Freude in mein Leben bringen?«

Freude lässt sich nicht verordnen. Es hilft nichts, sich zur Freude zwingen zu wollen, zum Beispiel mit Gedanken wie »Ich sollte mich mehr freuen«. Ein erster Schritt zu mehr Freude kann stattdessen sein, öfter innezuhalten und die innere Atmosphäre zu spüren. Annehmendes Spüren entzieht negativen Gedanken die Macht.

Sicher, wenn ein lieber Mensch gegangen oder eine schwere Krankheit in dein Leben getreten ist, kannst du dich nicht freuen. Jetzt gilt es, schmerzhafte Gefühle bewusst zu spüren, sie anzunehmen und ihnen Raum zu geben. Dies führt zu Erleichterung – eine gute Voraussetzung für Freude, die dann zu einem späteren Zeitpunkt eintreten kann. (Wie du dabei genau vorgehen kannst, wird in den folgenden Kapiteln noch ausführlich beschrieben.)

Sich auf das Gute ausrichten

Wir alle neigen dazu, den Schwierigkeiten in unserem Leben zu viel Gewicht beizumessen und uns von ihnen besetzen zu lassen. Das Gute übersehen wir dabei oft. In einem Lied der Band Element of Crime heißt es: »Liebling, sag mir morgen früh noch mal, dass wir glücklich sind. Wer zu lange in die Sonne sieht, wird blind.« Statt das Glück zu würdigen, das uns bereits zuteil wird, denken wir ständig darüber nach, was uns noch fehlt, was uns stört und wie sich unser Leben verbessern ließe.

Schwierigkeiten messen wir oft zu viel Gewicht bei und übersehen dabei das Gute.

Würden wir doch nur ein bisschen mehr Geld verdienen, dann wäre der Alltag so viel leichter! Hätten wir doch nur ein Haus am Stadtrand statt der Wohnung mit den lauten Nachbarn, dann könnten wir endlich in Ruhe meditieren! Und wäre doch unser Partner ein wenig spiritueller, dann könnten wir mit ihm praktizieren und wären der Erleuchtung schon einen großen Schritt näher. Hätten wir doch nur … Setz ein, was du möchtest.

Auch bei der Arbeit drehen sich Besprechungen und Flurfunk sehr häufig um Schwierigkeiten, nur selten um die angenehmen Erfahrungen, die genauso zum Arbeitstag gehören. Wenn wir am Abend nach Hause kommen, erzählen wir von Komplikationen bei einem schwierigen Projekt und von Reibereien mit dem Chef oder Kollegen, nicht von dem verlässlichen Menschen, mit dem wir ein Büro teilen, oder der freundlichen Kundin vom Vormittag. Und danach schauen wir uns die Probleme der Welt in den Nachrichten an.

Während wir unseren Mangel kultivieren, übersehen wir, was wir schon alles haben: Etwas zu essen, ein Dach über dem Kopf, Kleidung und Medizin – mehr materielle Dinge benötigt der Mensch nicht, hat der Buddha gelehrt. Wir haben also bereits mehr, als wir brauchen.

Wechseln wir einmal die Perspektive, sehen wir vieles, wofür wir dankbar sein können. Wir sehen die Möglichkeiten, die unser Körper uns bietet, auch wenn er vielleicht nicht frei von Unpässlichkeiten oder Krankheiten ist. Wir sehen die Menschen, die uns nah sind und auf die wir uns verlassen können. Wir sehen, dass wir die Chance haben, das Dhamma zu praktizieren. Wie viele Menschen auf der Erde haben diese Möglichkeit nicht, weil sie täglich ums Überleben kämpfen müssen! Du tust dir selbst einen großen Gefallen, wenn du für all das Gute in deinem Leben mehr Wertschätzung entwickelst.

Ich selbst war einmal aufgrund einer schweren Krankheit für kurze Zeit völlig auf fremde Hilfe angewiesen. Geblieben ist ein Grundgefühl der Wertschätzung für alle jetzt wieder intakten Funktionen meines Körpers. Ich erlebe sie seit jener Zeit bewusster und nehme sie nicht mehr als Selbstverständlichkeit wahr, sondern als ein großes Geschenk.

Die erste Ebene der Freude: Sinnesfreuden

Deine Lieblingsmusik, ein Ausflug mit deiner Familie oder Freunden, ein Stück Kuchen: Die sinnlichen Freuden des Alltags werden deine Probleme zwar nicht lösen, aber Freuden sind sie dennoch. Sie können dir durchaus helfen, mehr Leichtigkeit in dein Leben und deine spirituelle Praxis zu bringen, dich aus dem Diktat der Gedanken zu lösen und dich angesichts der alltäglichen Herausforderungen auszubalancieren. Dies wird umso nachhaltiger möglich sein, je feiner die Sinnesfreuden sind: Blumen und Kerzen in der dunklen Jahreszeit, Spaziergänge in der Natur und klassische Musik können zum Beispiel sehr wohltuend sein.

Auch sinnliche Freuden sind Freuden.

Sinnesfreuden sind allerdings immer abhängig von äußeren Umständen und körperlichen Bedingungen. Sie sind außerdem meist rasch vergänglich und können deinen Geist fesseln: Du möchtest dann nicht mehr von ihnen lassen und richtest dich ganz auf die Sinnesfreuden aus. So bindest du dich an vergängliche Formen und schaffst damit Dukkha.

Die zweite Ebene: Gebefreude, Mitfreude, Tugendfreude

Sofern sie dich beruhigen und dich für andere Dimensionen des Erlebens öffnen, können Sinnesfreuden dir den Zugang zu feineren Ebenen der Freude erleichtern. Das gilt insbesondere, wenn du sie mit anderen teilst.

Gebefreude, Mitfreude, Freude an der Zugehörigkeit zu einer Gemeinschaft und an tugendhaftem Verhalten – alle diese Formen der Freude beruhen auf Interesse für andere und verbinden dich mit ihnen. Gebefreude löst aus dem Kreisen um sich selbst und führt gleichzeitig zu mehr Einklang auf tieferen Ebenen. Mitfreude wurzelt in Wertschätzung und Anerkennung und führt zu Leichtigkeit und Unbeschwertheit. Zudem inspiriert sie alle Beteiligten dazu, weiter Gutes zu tun.

Gebefreude und Mitfreude verbinden dich mit anderen.

Tugendhaftes Verhalten führt zu Freude, unter anderem weil du dich mit anderen verbindest, ohne dich dabei zu verwickeln.

Auch die Entdeckung eines für dich gangbaren spirituellen Weges kann Freude hervorrufen. In unserem Meditationszentrum sehe ich viele Menschen, die ernsthaft und inspiriert das Dhamma praktizieren. Ich sehe, wie sich solche Menschen entwickeln und wie sie wachsen, und empfinde Freude darüber. Ich erlebe Mitfreude mit denen, die sich nun leichter ausbalancieren können, Mitfreude mit denen, die eine Zuflucht gefunden haben, und Mitfreude mit mir selbst, weil ich erleben darf, dass der Same meines Wirkens langsam aufgeht.

Die dritte Ebene: Freude in der Meditation

Ein offenes, freudiges Herz ist bereit für die Meditation. Jetzt ist es dem Geist möglich, sich zu sammeln. Ein gesammelter Geist hat die Kraft, in eine völlig neue Dimension der Wahrnehmung einzutreten. Möglicherweise erlebst du schrittweise die meditativen Vertiefungen (Pali: *jhana*): Entzücken, Freude, Zufriedenheit und Erfülltheit. So erkennst du, welche Freude in dir liegt. Um sie zu empfinden musst du nichts weiter tun, als deinen Geist zu sammeln und dich dem Atem hinzugeben. Dein Erleben der Freude ist nun weniger von äußeren Faktoren abhängig. Dieses Erleben wird dich inspirieren und große Kräfte in dir freisetzen.

Die vierte Ebene: Freude der Einsicht

Ein Geist, der durch Meditation gestärkt und stabilisiert wurde, kann Erfahrungen in ihrer ganzen Tiefe erfassen und bis in die feinsten Feinheiten durchschauen. Auf dieser Ebene beobachtest du körperliche und geistige Prozesse, siehst, wie sie entstehen und vergehen. Du erlebst Begrenztes und Vergängliches und erahnst Größeres. Vergängliches zu durchschauen ermöglicht, Unvergängliches zu erkennen. Unvergängliches zu erkennen bedeutet höchste Freude.

Fassen wir zusammen: Am Anfang, wenn du dich für Freude zu interessieren beginnst, suchst du nach *etwas*, das dir Freude bereiten kann. Mehr und mehr vermagst du Freude zu erleben, die unabhängig ist von den Bedingungen der Außenwelt. Du lernst, die Identifikation mit dem Körper und mit geistigen Erscheinungen zu durchschauen und aufzugeben. Jedes Auflösen von Identifikation ist verbunden mit einem Zuwachs an Weite, Erfüllung und Freude. Du verstehst immer besser, wer du wirklich bist.

Zu erkennen, wer du wirklich bist, ist die höchste Freude.

Mitgefühl mit sich selbst entwickeln

Dich auf Freude auszurichten bedeutet nicht, Schwierigkeiten aus dem Blick zu verlieren. Ganz im Gegenteil: Die Freude wird Kräfte in dir freisetzen. Auf diese Weise gestärkt, kannst du dich deinen Verletzungen und deiner Verletzlichkeit liebevoll zuwenden.

Damit eröffnest du dir einen Zugang zu einer weiteren unerschöpflichen Kraftquelle: dem Mitgefühl mit dir selbst. Manchen Menschen fällt es relativ leicht, sich auf andere einzulassen und fürsorglich mit ihnen umzugehen. Mütter sorgen für ihre Kinder, Partner kümmern sich umeinander, Kollegen unterstützen sich gegenseitig am Arbeitsplatz. Wenn dir eine Freundin am Telefon von ihren Problemen in ihrer Beziehung, mit ihren Kindern oder bei der Arbeit berichtet, fällt es dir nicht schwer, ihr eine Stunde lang aufmerksam zuzuhören und ganz für sie da zu sein. Aber kannst du dir selbst genauso liebevoll zuhören?

Sich berühren lassen

Für viele Menschen ist es schwer, sich selbst nahe zu sein. Geduldig mit sich umzugehen, das eigene Weinen und die eigenen Unzulänglichkeiten auszuhalten. Sich keine Vorwürfe zu machen und sich von ganzem Herzen Gutes zu wünschen und einen guten Rat zu geben. Manche buddhistischen Schriften bezeichnen Mitgefühl als »Zärtlichkeit des Herzens im Angesicht des Leidens«. Dabei darf Mitgefühl nicht mit Mitleid verwechselt werden. In dem Wort Mitleid verbirgt sich das Wort Leiden: Wir leiden *mit*, das heißt am Ende leiden zwei Menschen. Niemandem ist damit gedient, wenn zum Schluss am Telefon beide weinen. Das mag zwischendurch vorkommen, aber es ist wichtig, nicht dabei stehen zu bleiben. Mitgefühl ist etwas völlig anderes als Mitleid: Es ist eine kraftvolle, fürsorgliche Haltung. Mitgefühl richtet sich aus an der Frage: »Was wird gebraucht, was kann ich tun?«

Mitleid ist eine Haltung der Schwäche, Mitgefühl ist eine Haltung der Stärke.

Im Umgang mit dir selbst ist es genauso: Es nutzt dir nichts, wenn du über deine eigenen Schwierigkeiten immer nur jammerst. Selbstmitleid führt dich in die Schwermut, möglicherweise sogar in eine Depression. Mitgefühl mit dir selbst tut dir gut und bringt dich in Verbindung mit deiner Stärke. Es hilft dir, heilsam zu handeln, statt dich von deinen Schwierigkeiten und negativen Gefühlen beherrschen zu lassen.

In Verbindung gehen

Im ersten Moment hört sich das vielleicht trotzdem seltsam an: Mitgefühl und Fürsorglichkeit für sich selbst. Drehen wir uns damit nicht vielleicht zu sehr um uns selbst? Nähren wir damit eine egoistische Haltung? Wir alle kennen vermutlich Menschen, die sich vor allem um sich selbst kümmern, andere und deren Bedürfnisse kaum wahrnehmen – und dabei stehen bleiben. Dieses egoistische Verhalten ist aber etwas völlig anderes als Mitgefühl mit sich selbst.

Egoismus stärkt immer Abgrenzung und Distanz. Ein egoistischer Mensch stellt sich selbst in den Mittelpunkt und teilt die Welt auf: Hier bin ich – dort sind die anderen. Dies sind meine Freunde – das sind meine Feinde. Wenn der Egoismus hohe Wellen schlägt, entstehen sehr unangenehme Situationen. Das Ego sucht ständig Reibung, bewertet andere und sich selbst. Es missachtet andere und will sich über sie erheben. Und weil es uns so in die Trennung manövriert, entsteht Dukkha.

Mitgefühl ist das genaue Gegenteil: Es ist nie auf Distanz ausgerichtet, sondern auf Verbindung, und es ist nie verletzend. Es bleibt unberührt vom Ego und führt darum nicht zu Dukkha. Stattdessen löst es Dukkha auf. Das Ego führt uns ins Unglück, Mitgefühl ins Glück.

Das Ego führt uns ins Unglück, Mitgefühl ins Glück.

Mitgefühl bedeutet, sich berühren lassen von Leid und von Schwierigkeiten, ohne darin zu ertrinken. Es lässt uns Anteil nehmen, und wir sind dabei innerlich aktiv und in Verbindung mit unserer Kraft: »Was wird gebraucht, was kann ich tun?« Diese Frage des Mitgefühls können wir in so vielen Situationen stellen: »Was braucht die Freundin am Telefon, der Arbeitskollege, der genervte Busfahrer? Was brauchen die Menschen in dieser Stadt, in ärmeren Ländern, in Krisengebieten?« Aber eben auch: »Was brauche ich in diesem Moment? Wie kann ich mir helfen im Stress, den mir mein übervoller Terminkalender bereitet? Was kann ich für *mich* tun angesichts meiner Angst oder meiner Einsamkeit?«

Alte Muster durchschauen

Unser Ziel ist, unsere Schwierigkeiten zu verstehen und aufzulösen. Das ist nur möglich, wenn wir die Ursachen dieser Schwierigkeiten erkennen. Das wiederum können wir nur, indem wir in uns hineinschauen, ohne unsere Fehler und unangenehmen Gefühle auszublenden oder zu verurteilen. Mitgefühl ermöglicht uns diesen offenen Blick nach innen.

Am Anfang wird uns der Blick in unsere Abgründe nicht leichtfallen. Wir weichen ihnen häufig aus und fügen uns zugleich selbst neuen Schmerz zu. Wie oft gehen wir hart mit uns ins Gericht und empfinden nur wenig Selbstwertgefühl! Wir denken: »Mit mir stimmt etwas nicht.« Vielleicht geht es dir auch so: Du hast von bestimmten Meditationserlebnissen gehört, den meditativen Vertiefungen, aber du hast sie noch nie erlebt, obwohl du schon lange meditierst. Und du denkst: »Das ist meine Schuld, die anderen können das alle.« Oder du siehst Menschen, die anscheinend voller Güte und Mitgefühl durchs Leben gehen, und hast fälschlicherweise den Eindruck, dass du dazu nie in der Lage sein wirst. Die anderen, denkst du, haben eben mehr Talent. Und schon wieder fällst du in ein tiefes Loch.

Wenn du als Kind wenig Fürsorge erlebt hast, können sich solche Muster tief eingebrannt haben. Dieses Gefühl

»Mit mir stimmt etwas nicht« oder »Ich bin nicht gut genug« kann dich dein ganzes Leben lang begleiten und besetzt halten, ohne dass es dir bewusst ist. Dann wirst du vielleicht enorm viel Kraft in deinen Job investieren, Karriere machen und Geld verdienen. Oder du versuchst ständig, es anderen recht zu machen, ein »liebes Mädchen« oder ein »lieber Junge« zu sein. Wo du auch bist, du fragst dich unbewusst: »Was sind hier die erwünschten Verhaltensweisen?« Und du versuchst, dich ihnen anzupassen.

Vielleicht opferst du dich auf für andere, übst einen helfenden Beruf aus. Du arbeitest Tag und Nacht und schreibst deine Überstunden nicht auf. Andere Menschen mögen dich und schätzen dich. Aber wirst du satt? Wenn du genau hinschaust, wirst du feststellen: Du strengst dich ungeheuer an, aber der Hunger nach Anerkennung ist auf diesem Weg nie zu stillen.

Vielleicht hast du aber auch einen anderen Weg gewählt: Du verbirgst dich hinter einer Maske der Coolness, die du mit Stärke verwechselst. Du gehst scheinbar souverän durchs Leben. Nichts kann dir etwas anhaben, auch deine Missgeschicke nicht – da stehst du drüber. Aber hinter der Coolness stecken Unsicherheit und die Angst, andere könnten hinter die Maske schauen. Vielleicht darfst du auch selbst nicht dahinter schauen? Wenn du den Weg der Coolness gehst, fühlst du dich möglicherweise zu kühlen, abweisenden Menschen hingezogen, die nicht erlauben, dass du sie berührst. Und wieder hast du das vertraute Gefühl: »Ich bin nicht wert, dass man mich berührt.«

Viele Menschen erinnern sich an Momente ihres Lebens, die zu bestätigen scheinen, dass sie weniger wert sind als andere. Immer wieder erzählen wir uns innerlich Geschichten von Situationen, in denen wir Fehler gemacht und anderen Menschen Schwierigkeiten bereitet haben. Es sind Geschichten von egoistischen Taten und verpatzten Gelegenheiten, von missglückten Trennungen und vergessenen Geburtstagen.

Ich selbst habe zum Beispiel seit vielen Jahren die Stimme meiner Tochter im Ohr. Die Geschichte ist lange her; meine Tochter ist längst erwachsen und arbeitet als Ärztin in einer Klinik. Damals, als sie klein war, war ich ein junger Arzt. Ich verbrachte sehr viel Zeit in der Klinik und meiner Praxis – und viel zu wenig Zeit zu Hause bei meiner Familie. Und irgendwann einmal sagte meine Tochter traurig: »Bei Papa muss man krank sein oder schwanger – sonst hat er keine Zeit.« Dieser Satz hat sich mir tief eingebrannt. Damit verbunden ist das Gefühl: »Ich bin ein schlechter Vater.«

Wir erinnern uns also, wie wir Dukkha geschaffen haben, und daraus ist ein inneres Muster entstanden, das uns immer wieder sagt: »Ich bin kein liebenswerter Mensch. Ich bin es nicht wert, dass ich Freude empfinde.« Stattdessen beschimpfen wir uns und entwickeln Schuldgefühle. Solche Muster laufen Tag für Tag in uns ab, ohne dass sie uns bewusst sind. Diese Muster kann man auch Konditionierung nennen, von lateinisch *conditio*, das bedeutet Bedingung. Mit anderen Worten: In der Vergangenheit sind Bedingun-

Reduziere dich nicht auf deine Fehler und Schwächen.

gen geschaffen worden für unser Bild von uns selbst. Wir reduzieren uns auf unsere Fehler und Schwächen.

Mitgefühl entkräftet diese destruktiven Muster. Es schafft den Raum, sie bewusst zu erleben, und erzeugt die innere Wärme, die wir dafür benötigen. So können wir die innere Stimme durchschauen, die uns sagt: »Du bist ein schlechter Mensch.« Und endlich glauben wir ihr nicht mehr.

Als mein Vater starb, habe ich das sehr deutlich erfahren können. Ich befand mich gerade in einem Meditationsretreat. Ich wusste, dass es meinem Vater nicht gut ging, aber ich wusste nicht, dass er in diesen Tagen sterben würde. Und dann erhielt ich die Nachricht. Es war genau so gekommen, wie mein Vater und die Familie es *nicht* gewollt hatten. Wir hatten festgelegt: Keine Wiederbelebung, er soll so friedlich wie möglich sterben. Als Arzt weiß ich, welch gewaltsamer Akt der Versuch einer Wiederbelegung sein kann. Und was taten sie im Krankenhaus? Sie zerrten den 87-jährigen Menschen aus dem Bett und reanimierten ihn. Und ich war nicht da.

Dann kamen die Vorwürfe an mich selbst: »Wärst du dagewesen, wäre es nicht geschehen.« Und die innere Stimme, die mir sagte: »Du bist ein schlechter Sohn.« Solche Stimmen sind nicht unsere Freunde. Mitgefühl mit uns selbst lässt uns in solchen Momenten durchschauen, was abläuft. Es stimmt zwar, wenn ich dabei gewesen wäre, dann hätten sie meinen Vater vermutlich nicht zu reanimieren versucht. Aber die innere Stimme, die mich beschimpfte,

Mitgefühl hilft, Konditionierungen zu erkennen.

stammte aus einer anderen Quelle. Solche Stimmen entstehen aus alten Mustern, und es ist nicht hilfreich, ihnen zu glauben.

Mitgefühl hilft dir zu erkennen, wo Konditionierungen deinen Blick verengen und dich blockieren. Du siehst: Was du für die Wahrheit gehalten hast, ist nur eine Vorstellung im Geist. Du musst ihr nicht glauben. Endlich kannst du dir selbst liebevoll begegnen, dir nahe sein.

Zugang zum Mitgefühl

Um Mitgefühl zu entfalten, kannst du dir grundsätzliche Gemeinsamkeiten aller Menschen bewusst machen: Alle Menschen sind Alter, Krankheit und Tod unterworfen. Wir alle empfinden Angst vor Schmerz und Tod. Wir alle wünschen uns Sicherheit, Geborgenheit und ein erfülltes Leben und sehnen uns nach Nähe.

Versuche, deine Sehnsucht so häufig wie möglich zu spüren, und gib ihr Raum in dir. Sie ist ein wichtiger Zugang zum Mitgefühl mit dir selbst. Um ihn zu nutzen, braucht es einen Entschluss, der immer wieder erneuert werden muss. Wende dich dir selbst bewusst zu und sage dir: »Ich möchte mich um mich kümmern.«

Dein Körper kann dir dabei eine große Hilfe sein. Du kannst zum Beispiel beginnen, indem du deine Hand auf Herz oder Bauch legst. Ich selbst erlebe große Teile meines Tages mit meiner Hand auf meinem Bauch. Sie liegt dort fast immer – das ist ihr Platz. Wenn ich die Hand auf dem Bauch spüre, spüre ich auch alles andere besser.

Das Spüren beginnt mit dem Körper und kann sich von dort aus weiter vortasten zu den Emotionen. Ich spüre mich zärtlich, liebevoll. Der Bauch darf sein, wie er ist, auch wenn ich ihn vielleicht in anderen Momenten zu dick finde. Alles darf sein.

Eine andere Möglichkeit besteht darin, sich im Bewusstsein mit einem persönlichen Wohlfühlort im Körper zu verbinden. Der Wohlfühlort ist ein Bereich deines Körpers, den du leicht und gerne spürst. Das kann in der Herzgegend sein oder im Bauch, in den Armen oder Beinen oder vielleicht in der Wirbelsäule. In schwierigen Situationen kannst du dich in deinem Wohlfühlort innerlich verankern. Das wird dich beruhigen und dir Sicherheit geben, sodass du besonnen handeln kannst.

Am besten machst du dich auf die Suche nach deinem Wohlfühlort, wenn es dir gut geht. So kannst du dich in Ruhe mit ihm vertraut machen und üben, mit ihm Verbindung aufzunehmen. In schwierigen Zeiten weißt du dann sofort, was du tun kannst. (Eine Anleitung, wie du deinen Wohlfühlort erspüren kannst, findest du auf Seite 186 ff.)

Körper und Emotionen sind eng miteinander verbunden. Häufig zeigen sich bestimmte Emotionen schneller als körperliche Empfindungen denn als bewusst wahrgenommene Emotionen. Das Herz rast, die Hände sind kalt oder feucht, deine Schultern verspannen sich. Erst im nächsten Schritt erkennst du, dass ein unangenehmes Gefühl dahinter steckt. Versuche jetzt, es genauer zu spüren!

Der erste Schritt zum Mitgefühl: sich Dukkha bewusst zuwenden.

Auf diese Weise wirst du vertraut mit deinen Gefühlen. Um dich zu spüren, musst du dich verlangsamen. Nimm dir Zeit und gönne dir Pausen. Und dann versuch, dir deiner Gefühle bewusst zu werden und sie für einen Moment einfach mal so sein zu lassen, wie sie gerade sind. Du wirst sofort spüren, dass dir das gut tut.

So bist du mit der Zeit auch gewappnet, immer schwierigere Gefühle zuzulassen. Mitgefühl bedeutet, dem Dukkha nicht auszuweichen. Mitgefühl für dich selbst beginnt also damit, dass du nicht ausweichst, wenn es weh tut. Auch dazu musst du dich immer wieder aktiv entschließen: »Wenn es das nächste Mal weh tut, dann lasse ich es zu.«

Die Versuchung auszuweichen ist groß. Unsere schnelllebige Zeit bietet uns viele Möglichkeiten, einfach zum nächsten Tagesordnungspunkt überzugehen oder uns abzulenken. Schon spürst du das Dukkha nicht mehr und glaubst, es sei weg. Das ist es natürlich nicht! Es ist nur nicht mehr offenkundig und strahlt stattdessen im Verborgenen seine negative Kraft aus. Unbemerkt vergiftet es deine Lebensfreude und deine Klarheit.

Die Aufgabe besteht also darin, nicht so schnell auf das Dukkha verzichten zu wollen. Diese Formulierung mag provozierend wirken: auf Dukkha nicht verzichten wollen. Ist es nicht natürlich, dass wir Leid so schnell wie möglich hinter uns lassen möchten? Darauf nicht verzichten wollen – ist das nicht Masochismus?

Nein, es ist das genaue Gegenteil. Es ist der Zugang zum Mitgefühl. Ich sage nicht: »Lasst uns das Dukkha verstärken oder willentlich herbeiführen.« Ich sage: »Nicht vorschnell auf das vorhandene Dukkha verzichten wollen.« Indem du es spürst, annimmst und verstehst, kannst du es verwandeln und hinter dir lassen. Das ist das Feuer der Alchimisten, das Feuer, in dem Schrott zu Gold wird.

Die Bedürfnisse hinter den Gefühlen

Je klarer du dich selbst wahrnehmen kannst, umso leichter wird Mitgefühl sich entfalten. Das liegt daran, dass Mitgefühl Teil deines tiefsten Wesens ist. Du musst es nicht lernen; es ist in dir bereits vorhanden. Zugang bekommst du über das bewusste Erspüren deiner Gefühle. Der nächste Schritt ist dann herauszufinden, welche Bedürfnisse sich hinter diesen Gefühlen verbergen. Denn hinter jedem Gefühl steht ein Bedürfnis.

Sich vom Gefühl zum Bedürfnis gewissermaßen durchzufragen – das ist ein Vorgehen, das der US-amerikanische Psychologe Marshall Rosenberg in seinem Modell der Gewaltfreien Kommunikation[2] formuliert hat. Diese Methode ist eine große Hilfe, denn sie lässt Klarheit entstehen: »Da sind bestimmte Gefühle in mir, dahinter stecken bestimmte ungestillte Bedürfnisse.« Oder: »Da sind freudige Gefühle in mir, dahinter stecken bestimmte gestillte Bedürfnisse.«

Bist du dir im Klaren über die jeweils ungestillten Bedürfnisse, hast du die Wahl: Du kannst dich um ihre Erfül-

2 Marshall Rosenberg: Gewaltfreie Kommunikation. Eine Sprache des Lebens. Paderborn: Junfermannsche Verlagsbuchhandlung, 6. Auflage 2007

lung kümmern oder sie ruhen lassen. Du kannst aus dem Erleben deiner Bedürfnisse Wünsche formulieren. Auf die Erfüllung unerfüllter Bedürfnisse zu bestehen würde aber Mitgefühl blockieren und damit Schwierigkeiten vermehren. Viele Bedürfnisse müssen nicht erfüllt werden – aber alle wollen gehört werden.

Im nächsten Schritt kannst du auch im Umgang mit anderen Menschen so vorgehen. Wie du handeln auch sie aufgrund bestimmter Bedürfnisse. Mit Einfühlung kannst du versuchen herauszufinden, welche Bedürfnisse sie sich dir gegenüber erfüllen wollten. Du kannst erkennen, was geschieht, wenn Menschen auf der Befriedigung ihrer Bedürfnisse beharren und wenn sie untaugliche Strategien wählen. Aber du behältst weiter die Gemeinsamkeiten im Blick, verwechselst den Menschen nicht mit seinen Handlungen und kannst mitfühlend statt wütend reagieren.

Wenn du darauf bestehst, dass deine Bedürfnisse erfüllt werden, blockierst du Mitgefühl.

Manchmal werfen mir in meiner Arztpraxis Patientinnen vor, etwas falsch gemacht zu haben: Falsche Diagnose, falsche Therapie, zu spät gehandelt, zu früh gehandelt – da gibt es viele Möglichkeiten. Natürlich lassen mich Vorwürfe nicht unberührt. In solchen Momenten frage ich mich: »Was steckt hinter den Vorwürfen?« Vermutlich das Bedürfnis nach Sicherheit und Geborgenheit. Das kann ich verstehen, und ich brauche meinerseits nicht abweisend zu reagieren, um mich zu schützen.

Genau so können wir mit uns selbst umgehen, wenn

wir gerade mal wieder kein gutes Haar an uns lassen. Erinnere dich an dieses Vorgehen, wenn du das nächste Mal Wut empfindest oder Angst hast: »Was brauche ich? Was ist mein Bedürfnis?« Vielleicht Sicherheit, vielleicht Ehrlichkeit, vielleicht Nähe. »Und was ist mein Wunsch?« Schon bist du in Kontakt mit dir. Es bedeutet nicht automatisch, dass dir dein Wunsch erfüllt werden kann. Aber du erkennst jetzt, dass du die Wahl hast, ob und wie du reagieren willst. Auf diese Weise verlieren die Emotionen ihre Macht über dich, und du wirst nicht so schnell etwas tun, was du hinterher vielleicht bereuen würdest.

Deine Kellerkinder kennenlernen

Ohne Einfühlung in die Innenwelt werden die alten Muster in dir aktiv bleiben und neue Wege verstellen. Du wirst weiter deine Sicherheit in Aktivitäten suchen, versuchen Anerkennung für Leistung zu bekommen. Du wirst dann nicht erkennen können, dass es noch andere Möglichkeiten gibt. Die spirituelle Praxis ist wie eine Entdeckungsreise und zugleich ein schöpferischer Prozess: Ich entdecke, erforsche und gestalte.

Vielleicht gibt es in dir ein Muster von Selbstmisstrauen. Wenn dann andere ein Urteil über dich fällen, übernimmst du es: »Ja, du hast Recht, ich bin unmöglich. Ich bin ein schlechter Vater / eine schlechte Mutter / eine schlechte Partnerin / eine schlechte Arbeitskraft.« Und dann strengst du dich an, um ihrem Bild zu entsprechen und gut beurteilt zu werden. Und wie fühlst du dich dabei? Du spürst vermutlich den Druck des Urteils und die innere Leere. Vielleicht beginnst du nun sogar noch, dich selbst zu beschimpfen, weil du schon wieder deinem alten Muster gefolgt bist.

Das ist genau die Situation, in der es gilt, Mitgefühl mit dir zu entwickeln! Indem du nicht ausweichst, sondern das alles aushältst: die Leere, den Ärger und die Angst – und deine Bedürfnisse nach Akzeptanz und Wertschätzung. So entziehst du den alten Strukturen die Nahrung. Schon wird diese gnadenlose innere Stimme leiser. Und du bemerkst, dass du auch ganz anders reagieren könntest.

Auf diese Weise kommst du in Verbindung mit deinen Kellerkindern. Das sind die Teile deiner Persönlichkeit, die in den Keller gesperrt worden sind. Du hast sie bisher nicht wieder herausgelassen. Lange Zeit mussten sie im Dunkeln leben. Und wie heißen diese Kellerkinder? Sie heißen vielleicht »die Ängstliche« oder »der Scheue«, »die Unsichere« oder »der Kindliche«, »die Sinnliche« oder »der Traurige«. Die Kellerkinder nehmen Einfluss auf dein Verhalten, steuern deinen Alltag mit, aber lange durften sie sich nicht zeigen.

Jetzt – in der Wärme des Mitgefühls – trauen sie sich langsam ans Licht, ins Licht des Bewusstseins. Sie kommen in ihrem eigenen Tempo die Treppe herauf, langsam und vorsichtig, Schritt für Schritt. Nur wenn du geduldig auf sie wartest, zeigen sie sich mehr und mehr. Wenn du sie ins Licht des Bewusstseins zwingen willst, dann werden sie sofort wie scheue Tiere wieder verschwinden.

Alles nicht so einfach

Sicherlich, sich dem Dukkha zu stellen ist nicht leicht. Zweifel, Unsicherheit und Mutlosigkeit können aufkommen. Sie werden genährt vom Verstand, von den Gedanken, von dieser inneren Stimme, die dich dauernd beurteilt – und häufig so hart! Diese vielen verneinenden und bewertenden Gedanken, dieses Sich-Vergleichen mit anderen. Gib dem Verstand nicht so viel Energie! Überlass ihm nicht so viel Macht! Versuche stattdessen, der unerschöpflichen Kraftquelle des Mitgefühls mehr und mehr Raum zu geben.

Wer nur sieht, was er nicht hat, übersieht, was er hat.

Auch die ständige Suche nach Besserem blockiert immer wieder den Zugang zum Mitgefühl: »Ich brauche einen besseren Partner / bessere Freundinnen / einen besseren Lehrer / eine bessere spirituelle Gemeinschaft.« Solange du dich immer wieder ausrichtest auf das, was du nicht hast, übersiehst du leicht, was du hast. Getrieben von Gedanken, auf der Suche im Außen wirst du nie zu der Kraft in dir selbst vorstoßen.

Auch Schuldgefühle schwächen das Mitgefühl. Schuldgefühle werden durch entsprechende Gedanken genährt. Wenn jemand krank wird oder etwas schief läuft, wenn Fehler geschehen, wird häufig sofort nach Schuldigen gesucht. Wir versprechen uns emotionale Erleichterung davon, wenn wir jemand anderem die Schuld zuweisen können.

Manchmal geben wir uns aber auch selbst die Schuld. Dahinter stecken selbstzerstörerische Muster. Viel hilfreicher ist, die Ursachen und Bedingungen zu erkunden, die zu den entsprechenden Schwierigkeiten geführt haben. Nur so lassen sie sich auflösen beziehungsweise in der Zukunft vermeiden. Schuldgefühle verursachen oft Blockaden. Ursachen und Bedingungen zu erkunden führen hingegen zu Verständnis und Kreativität – und sind damit Ausdruck von Mitgefühl.

Vermeide auch »Warum-Fragen«: »Warum fürchte ich mich im Dunkeln?«, »Warum bin ich vom Pech verfolgt?«, »Warum kann nicht *einmal* alles glatt gehen?« Diese Fragen helfen dir nicht weiter. Sie katapultieren dich aus dem Fühlen heraus und ins Denken hinein. Sie sichern die Dominanz der alten Muster.

Mit diesen Fragen verbietest du dir zu empfinden, wie du nun einmal empfindest. Du verleugnest deine eigenen Gefühle. Ein Beispiel: Du stehst allein auf einer Party. Und du fragst dich: »Warum fällt es anderen Menschen so viel leichter als mir, ins Gespräch zu kommen?« Und der nächste Gedanke: »Da sieht man's mal wieder, ich bin unmöglich. Alle amüsieren sich auf dieser Party, nur ich kann das nicht.« So überdeckst du Gefühle und Bedürfnisse mit Selbstbeschuldigungen, statt sie bewusst wahrzunehmen.

Ebenfalls sehr hinderlich sind alle Formulierungen der inneren Stimme, die mit »Ich sollte ...« beginnen: »Ich sollte kontaktfreudiger und fröhlicher sein.« Wirst du so kontaktfreudiger? Wohl kaum. »Ich sollte ...« bedeutet immer Kampf mit dem, was gerade ist. Wenn du kämpfst, erlebst du Dukkha. Und wenn du gegen dich selbst kämpfst, erlebst du großes Dukkha. Du kommst dir selbst abhanden.

Weitere Zugänge zu Mitgefühl

Zwei Zugänge zum Mitgefühl wurden bisher beschrieben: Die Sehnsucht nach Nähe zu dir und das Spüren deines Körpers. Es gibt weitere: Vielleicht fällt es dir leichter, dich zuerst auf die Schwierigkeiten anderer Menschen auszurichten und Mitgefühl für sie zu entwickeln – und es dann auf dich selbst auszuweiten.

Ein weiterer Zugang zum Mitgefühl für dich selbst kann die Zufluchtnahme zum Buddha sein. Wenn ich Dukkha erlebe, verbeuge ich mich vor dem Buddha und übergebe ihm meine Last. »Wenn du Angst hast, lege deinen Kopf in Buddhas Schoß«, rät der Dalai Lama. Ich stelle mir geradezu bildlich vor, wie ich Dukkha abgebe und der Buddha es aufnimmt. Für mich ist diese Praxis wohltuend und stimmig.

Mir gefällt auch diese kleine Geschichte: Ein christlicher Pater nimmt die Hand eines Menschen, der gerade großes Leid erfahren hat, und zeichnet in die Hand hinein einen Kreis. Und er sagt: »Das ist der Ort, an dem du lebst, und dort ist großer Schmerz, und du kannst diesem Ort nicht ausweichen. Also nimm ihn an!« Und dann bedeckt er mit seiner Hand die Hand dieses Menschen und sagt: »Und es gibt immer noch etwas Größeres – eine Ganzheit, einen Raum der Liebe, in dem sich Leben entfalten kann, immer neu.« Und dann berührt er wieder den Kreis und sagt: »Dieser Schmerz – er kann immer ruhen in der Liebe dieser Hand. Und wenn du beides kennst – den Kreis mit seinem Schmerz und das so viel Größere, was dies alles umfassen kann –, dann kannst du dich selbst heilen.«

Auch im Gebet liegt eine große Kraft und ein direkter Zugang zum Mitgefühl. Wir lösen uns von der Dominanz unserer Muster und kommen, je nach unserer Hingabefähigkeit, in Kontakt mit etwas, das viel größer ist als alle unsere gedanklichen Vorstellungen fassen können. (Mehr zum Thema Beten steht im Kapitel »Das Spürbewusstsein entdecken« auf Seite 151 ff.)

Sich Zeit lassen

Welchen Zugang zum Mitgefühl du auch wählst: Du wirst Mut und Geduld brauchen. Erwarte nicht, dass alles sofort funktioniert. Halte aus, dass sich alte Strukturen nicht von jetzt auf gleich auflösen. Vielleicht tut sich lange Zeit scheinbar nichts. Du hast vielleicht schon viele Vorträge gehört, an Retreats teilgenommen und etliche Bücher gelesen, doch sobald jemand im Alltag bestimmte Knöpfe bei dir drückte, hast du auf die gewohnte Weise reagiert. Resigniere in solchen Momenten nicht, sondern erinnere dich: Resignierende Gedanken sind auch nur Gedanken, denen du ihre Macht entziehen kannst.

Resignierende Gedanken sind auch nur Gedanken. Du kannst ihnen ihre Macht entziehen.

Mitgefühl will entwickelt werden. Es geht nicht darum, Mitgefühl zu lernen wie eine Fremdsprache. Vielmehr ist Mitgefühl bereits in dir vorhanden und wird spürbar, wenn du dich aus deinen gedanklichen Verwicklungen *ent*wickelst. Vergiss nicht, dass auch Schwierigkeiten, die du dir selbst eingebrockt hast, nur mit Mitgefühl aufgelöst werden können. Beginne mit Einfühlung in dich selbst: Welche

Gefühle waren aktiv, aus welchen Bedürfnissen hast du gehandelt? Erkenne an, dass die Bedürfnisse vermutlich ganz menschlicher Natur waren, du aber einen falschen Weg eingeschlagen hast, mit ihnen umzugehen. Werde dir bewusst, dass es normal ist, Fehler zu machen. Denke aber nicht, dass du falsch bist, weil du falsche Handlungsstrategien gewählt hast. Beschimpfe dich nicht.

Hat sich schon einmal jemand geändert, weil er beschimpft wurde? Ich kenne niemanden. Vielleicht kann man Menschen so dazu bringen, vorübergehend ein wohlfeiles Verhalten an den Tag zu legen. Aber grundlegend ändern wird sich auf diesem Weg niemand.

Du trägst natürlich trotzdem weiterhin Verantwortung für dein Handeln. Doch Verantwortung kannst du nur übernehmen, nachdem dir die Wahlmöglichkeit in der jeweiligen Situation bewusst geworden ist. Um die Wahlmöglichkeit zu sehen, braucht es Verständnis. Und Verständnis erwächst aus Einfühlung und Akzeptanz.

Wenn du so praktizierst, wird das Mitgefühl dich befreien: von deinen Konditionierungen, deiner Härte dir selbst gegenüber, den Stimmen in dir, die dich immer wieder beeinflussen wollen. Es erlöst dich von den vielen subtilen Aversionen dir selbst gegenüber, und es führt dich dazu, dich zu erleben, wie du wirklich bist – fernab von den Mustern und Trugbildern, von denen du bisher glaubtest, du seist mit ihnen identisch. Dieses Erleben wird dich allmählich zu einer Selbstliebe führen, die nichts mit Egoismus und Eigensucht zu tun hat, sondern alle anderen einschließt.

Sein lassen

Um den Bedürfnissen meines Körpers gerecht zu werden, treibe ich gerne Sport. Im Umkleideraum meines Fitness-Studios gibt es Stahlschränke mit Nummern. Wenn ich reinkomme, frage ich mich immer: »Wie alt fühle ich mich heute?« – und dann nehme ich den Schrank mit der entsprechenden Nummer. Manchmal muss ich feststellen: Heute ist es die 85. Nach dem Sport geht es mir zum Glück meistens besser.

Auch du erlebst wahrscheinlich Zeiten, in denen du dich kraftlos fühlst. Krankheiten, Schmerzen oder Verlusterfahrungen gehen oft mit Zuständen von Hilflosigkeit und Mutlosigkeit einher. Du erlebst dich verletzlich und zugleich vielleicht abgetrennt von der Welt und anderen Menschen. Etwas in dir rebelliert. Du sagst Nein zu dem, was du erlebst.

»Mein Leben sollte anders sein!«, denkst du. Oder konkreter: »Diese Krankheit habe ich nicht verdient«, »Es ist nicht in Ordnung, dass man mir gekündigt hat«, »Es darf nicht wahr sein, dass meine Beziehung auseinanderbricht.« Solche Haltungen werden als Widerstand bezeichnet. Widerstand blockiert das Verständnis der Situation und nimmt dir damit die Möglichkeit, etwas daran zu ändern. Widerstand kostet viel Kraft und hält dich davon ab, Zufriedenheit und Harmonie zu erleben. Um Zugang zu deiner inneren Stärke zu finden, ist es darum unerlässlich, bewussten Umgang mit dem Widerstand zu üben und herauszufinden, wie er sich auflösen lässt.

Widerstand hat viele Gesichter

Innerer Widerstand kann viele verschiedene Formen annehmen. Vielleicht äußert sich dein Nein als Kritik oder Empörung gegenüber der Außenwelt. Du schimpfst auf die Regierung, die Hausverwaltung oder einen Menschen, der sich in deinen Augen daneben benommen hat. Dabei wirst du wahrscheinlich das Gefühl haben, im Recht zu sein, und möglicherweise ist deine Kritik in der Sache ja sogar berechtigt. In deiner Wut empfindest du dich vielleicht als souverän und kraftvoll. Aber der Schein trügt. Alles in dir lehnt sich auf: So sollte es nicht sein! Die Innenwelt rebelliert gegen die Außenwelt. Tieferes Verständnis ist nicht im Spiel. Auf diese Weise schaffst du nicht Souveränität, sondern Dukkha.

Gereiztheit, Nervosität und Anspannung sind Formen des Widerstands.

Nicht immer ist der Widerstand so klar erkennbar wie in der Wut. Manchmal äußert er sich milder, zum Beispiel als Gereiztheit oder als Nervosität. Du stehst zum Beispiel vor einem Fahrstuhl, und der will und will nicht kommen. In dir steigt Ungeduld auf; wieder und wieder drückst du auf den Knopf, als käme der Fahrstuhl dadurch schneller. Oder du erwartest einen wichtigen Anruf und fängst an, nervös mit dem Fuß zu wippen. Schließlich trommelst du vor lauter Anspannung mit den Fingern auf die Tischplatte. Wann klingelt endlich das Telefon? Du lehnst den gegenwärtigen Moment ab, weil du einen anderen herbeisehnst. Die Folge dieses Widerstands ist Dukkha, hier in Form von Unruhe.

Ärztlicher Notfalldienst in Berlin. Ich stehe mitten in der Nacht in einem Mietshaus. Einsatz im 8. Stock. Der Aufzug ist mal wieder kaputt. Ich bin müde und weiß: Ich muss jetzt da hochgehen. »Ich habe schon seit zwei Wochen nicht mehr gut geschlafen«, höre ich dann oben. Der Patient ist 22 Jahre alt und hätte ohne Probleme am nächsten Tag zu seinem Hausarzt gehen können, aber den Notarzt zu rufen war bequemer.

Was geschieht in dir in solchen Momenten? Wie reagierst du, wenn jemand achtlos mit dir umgeht? Wirst du wütend? Lässt du eine sarkastische Bemerkung fallen und machst dich unzufrieden auf den Rückweg? Nimmst du alles klaglos hin und frisst deinen Frust in dich hinein?

Vielleicht hat sich dein Widerstand mit der Zeit zu Niedergeschlagenheit verdichtet, ohne dass dir klar ist, warum du dich so kraftlos fühlst. Du bist halt gerade nicht so gut drauf, denkst du. Und wenn dich jemand fragt, wie es dir geht, dann sagst du: »Es geht so ...« oder sogar »Muss ja.« Vielleicht erlebst du auch, wie Gedanken unkontrolliert durch dein Bewusstsein jagen und dich nicht zur Ruhe kommen lassen. Ständig spürst du Spannung in dir und empfindest dich als sprunghaft, fahrig und nervös. Durch diese Gefühle können zusätzlich Angst oder Resignation aufkommen: »Wie soll das nur alles weitergehen?«

Chance statt Bedrängnis

Die Verdichtung von Frust und Widerstand ist nach meiner Beobachtung typisch für die westliche Kultur: Wir erleben es als Bedrängnis, wenn etwas anders läuft als geplant oder die Dinge durcheinander gewirbelt werden, wenn sich Widersprüche auftun und es nicht mehr weitergeht wie bisher. In größeren Krisen empfinden wir uns als zerrissen. Wir haben keine klare Vorstellung mehr von unserem Leben und wissen nicht, was zu tun ist – und darunter leiden wir.

In der östlichen Kultur werden solche Zeiten eher als Chancen gesehen. Etwas Altes bricht zusammen, die gewohnten Konzepte taugen in diesem Moment nichts mehr und machen Platz für neue.

Auch du kannst dich für neue Erfahrungen und Lösungen öffnen, statt mit Widerstand auf Veränderung zu reagieren. Voraussetzung dafür ist, dass du Unklarheit und Unangenehmes zunächst aushältst und bewusst spürst, möglichst ohne dich dagegen aufzulehnen.

Die Negativität ist wie eine Sackgasse. Du fährst immer tiefer in sie hinein, findest keinen Platz mehr zum Wenden und sabotierst dich damit selbst. Konstruktive Lösungen werden unmöglich und deine Wahrnehmung verengt sich mehr und mehr. Du siehst keine anderen Wege, alles erscheint dir durch und durch negativ. Du empfindest die Welt nur noch als übermächtig und bedrohlich.

Der Widerstand vergiftet deine Lebensatmosphäre in Form von Ungeduld, Ärger und Wut. Er raubt dir die Kraft, indem er dich aussaugt wie ein Vampir. In deiner Widerstandshaltung verhinderst du genau das, was du dir doch so sehr wünschst: Frieden und Harmonie mit dir selbst und anderen. Lass also nicht zu, dass du in deinem Widerstand stecken bleibst!

Widerstand verhindert, was du dir wünschst, und stärkt, was du auflösen willst.

Bewusstsein schulen

Wie lässt sich das verhindern? Zunächst einmal müssen wir den Widerstand überhaupt erkennen. Widerstand steckt hinter vielen Gefühlen und Gedanken. Sehr häufig ist uns nicht bewusst, dass wir uns gerade im Widerstand befinden. Wir denken in diesen Momenten: »Das hätte jetzt wirklich anders laufen sollen.« Oder eine Nummer größer: »Mein Leben sollte eigentlich anders verlaufen …«, »Ich sollte längst verheiratet sein, Kinder haben und finanziell auf eigenen Füßen stehen«, »Ich sollte souveräner und gelassener sein«, »Ich sollte häufiger meditieren.« Ich sollte, sollte, sollte … Du kannst eine endlose Liste zusammentragen mit solchen Forderungen an dich selbst. Es sollte anders sein, als es ist – diese Haltung ruft unweigerlich innere Spannung und damit Schmerz hervor. Immer wenn du in Widerstand gehst, schaffst du einen Konflikt zwischen Ist-Zustand und Soll-Zustand. Du schaffst damit innere Spannung.

Die Außenwelt oder deine Innenwelt entspricht nicht deinen Erwartungen, also kämpfst du gegen die Form, die dein Leben gerade angenommen hat – und damit gegen dich selbst. Das tut weh und stärkt die Negativität immer mehr. Jede Form von Trennung zwischen dir und dem Rest der Welt erzeugt Dukkha. Auch wenn du dich von Teilen deiner selbst getrennt fühlst, entsteht Dukkha. Es ist gut, sich das zu merken wie einen Slogan: Wenn du Trennung nährst, nährst du Dukkha. Umgekehrt gilt: In jedem Moment, in dem du die Gegenwart annimmst, herrscht Frieden.

Wenn du Trennung nährst, nährst du Dukkha.

Der große indische Weise Ramana Maharshi[3] hat sinngemäß immer wieder erklärt: »Alles, was ich erlebe, nehme ich so, als hätte ich es mir selbst ausgesucht. So mache ich jeden Moment zu meinem Freund – nicht zu meinem Feind.«

Indem du dir die Form, die dein Leben gerade annimmt, zur Freundin machst, wächst du über diese Form hinaus. Du bist nicht länger gefangen in den Umständen und erlebst Zufriedenheit und Erleichterung. Du lässt in diesen Momenten Ansprüche fallen. Das bedeutet nicht, dass du nicht mehr versuchst, das Gute in der Welt zu stärken und Missstände zu bekämpfen. Es bedeutet auch nicht, dass du dich selbst nicht mehr verändern kannst. Wie wir sehen werden, ist das genaue Gegenteil der Fall: Du legst

3 Ramana Maharshi (1879–1950) war ein spiritueller Lehrer in Südindien. Im Jugendalter führte ihn ein Erleuchtungserlebnis zu der Erkenntnis, dass er nicht mit seinem Körper identisch war. Davon ausgehend lehrte er den Weg der Selbsterkenntnis durch die Frage »Wer bin ich?« Ramana Maharshis Wurzeln liegen im Hinduismus. Seine Lehre lässt sich dem Advaita-Vedanta zurechnen, der Lehre der Nicht-Dualität.

die Grundlage dafür, dich selbst und die Welt zu verändern. Wirkliche Veränderung beruht immer auf Verständnis. Der Beginn der Veränderung besteht immer darin, sich nicht mehr zu wehren, sondern anzunehmen, was gerade geschieht.

Annehmen heißt sein lassen

Annehmen – dieser Begriff wird in buddhistischen Zusammenhängen so häufig benutzt, dass er mir gelegentlich etwas abgegriffen erscheint. Manchmal verstärkt er auch den Widerstand, denn manches, was wir erleben, erscheint uns zunächst einfach unannehmbar. Auch der Begriff Loslassen, der ebenso häufig verwendet wird, ist nicht unproblematisch. In manchen Situationen hilft er zumindest nicht weiter: Wenn wir uns zum Beispiel ungerecht behandelt fühlen, nützt es oft wenig, wenn uns jemand sagt: »Lass doch einfach los!« Wir fühlen uns dann unverstanden. »Loslassen« klingt außerdem ein bisschen nach »loswerden wollen« oder »sich entledigen«. Und darum geht es eben gerade nicht.

Ich benutze die Begriffe Annehmen und Loslassen trotzdem, weil sie uns geläufig sind. Am liebsten spreche ich aber von »Seinlassen«. Diese Bezeichnung reicht tiefer, sie sagt mehr aus über das, was gemeint ist.

Jeder Moment des Seinlassens ist Basis für Veränderung. Du kannst dich erst dann verändern, wenn du dich sein lässt, wie du bist. Das klingt widersinnig: Ich soll mich annehmen, wie ich bin, mit allem, was ich loswerden will?

Mit allem, was ich verbergen will vor mir selbst und anderen? Ja! Unternimm nichts dagegen. Lass es sein und erlebe es bewusst. Dann ist Veränderung möglich.

Der Grund dafür ist einfach: Die Bedingung des Veränderns ist das Verständnis. Du kannst dich nicht so einfach verändern, indem du Veränderungen von dir forderst. Vielleicht veränderst du dich damit unter großer Anstrengung für kurze Zeit – um dann doch wieder in alte Gewohnheiten zu verfallen. Wirklich verändern kannst du dich nur, wenn du dich verstehst. Annehmen führt zu Verständnis und Verständnis ermöglicht Veränderung.

Annehmen führt zu Verständnis. Verständnis ermöglicht Veränderung.

Das Leiden in der Welt

Vielleicht stimmst du mir bis zu diesem Punkt zu. Aber dann schaust du hinaus in die Welt und da siehst du Gier und Hass. Du siehst Kriege, Terrorismus und die Klimakatastrophe, die auf uns zukommt. Du siehst die Kinder in den Trümmern der Häuser eines Erdbebengebiets, die Hungernden. Du siehst, wie in deiner Stadt alte Menschen beraubt werden und wie Gewalt gegen Minderheiten verübt wird. Kurz: Du siehst unermessliches menschliches Leid und so viel Ungerechtigkeit. Und du sagst: »Wie kann ich das alles annehmen? Ich will es nicht annehmen!«

Ramana Maharshi antwortet dir darauf: »Wenn du die Außenwelt nicht annehmen kannst, wie sie ist, versuche die Innenwelt anzunehmen.« Beobachte genau, was in dir vorgeht, wenn du das Leid in den Nachrichten oder in deiner

Stadt siehst. Was löst es in dir aus? Du schaust auf deine Innenwelt und siehst dort zum Beispiel Wut, Trauer oder Mitleid. Du erlebst, wie alles in dir sich auflehnt. Vielleicht sprichst du Anschuldigungen aus. Hinter all dem kannst du Widerstand erkennen.

Nun hast du die Wahl: Entweder, du handelst aus dem Widerstand heraus – das verstärkt im Allgemeinen die Negativität. Oder du entschließt dich, den Widerstand anzunehmen, zu verstehen und dementsprechend zu handeln. Es wichtig zu verstehen, dass dies nicht bedeutet, dem Leiden und Unrecht in der Welt gleichgültig gegenüberzustehen. Der Buddha hat dem Mitgefühl einen sehr hohen Stellenwert beigemessen. Leidende Menschen brauchen Mitgefühl. Mitgefühl wurzelt in Verständnis und führt zu tatkräftiger Unterstützung.

Annehmen hat nichts mit Gleichgültigkeit zu tun.

Annehmen heißt also nicht Hinnehmen. Annehmen ist ein Ausdruck innerer Stärke, Hinnehmen entsteht aus innerer Schwäche. Wenn du etwas annimmst, bereitest du den Boden, um besser damit umgehen zu können. Widerstand hingegen koppelt dich ab von deiner Fähigkeit, heilsam zu handeln.

Wenn ich zum Beispiel erlebe, wie jemand anderen Menschen Schaden zufügt, kann ich nur dann wirkungsvoll eingreifen, wenn ich wirklich verstanden habe, was vor sich geht. Manchmal muss ich mich oder andere schützen. Manchmal gilt es zu widersprechen. Manchmal werde ich auch erkennen, dass es am besten ist, nicht einzugreifen.

Wenn ich einen schwierigen Menschen erst einmal annehme, wie er ist, schafft schon das alleine oft eine Brücke, die die Situation entschärft. Außerdem gebe ich mir die Chance zu verstehen, was in ihm vorgeht. Es gilt, sich das immer wieder zu vergegenwärtigen: Wenn ich in Widerstand gehe, kann ich kein Verständnis aufbringen und damit nichts ändern. Dann bin ich wie ein Arzt, der nur an Symptomen herumdoktert, aber die Ursache der Krankheit nicht behandelt.

Indem du deine Innenwelt sein lässt, wie sie gerade ist, gibst du ihr Raum. Was bisher bis zur Unkenntlichkeit komprimiert war, kann sich nun entfalten und damit sichtbar werden. Deine Wahrnehmung wird klarer. Du kannst jetzt Güte und Mitgefühl entwickeln. Du verbindest dich mit einer inneren, gelassenen Intelligenz.

Mit Schwierigkeiten praktizieren

Versuche immer wieder, deinen Blick auf die Chancen zu richten, die Schwierigkeiten dir bieten, statt dagegen zu opponieren. Schwierigkeiten sind nicht dazu da, dich zu quälen. Sie sind weder Pech noch Strafe. Schwierigkeiten können dich stattdessen bewusst und wach werden lassen.

Hinter jedem Widerstand, hinter all den Formen, die Negativität annehmen kann, verbirgt sich eine Möglichkeit zur Entwicklung. Nutze sie als Gelegenheit, um das Seinlassen zu üben. Es funktioniert wie das Training eines Muskels: Mit der Zeit wirst du immer mehr Kraft entwickeln, und die Übung wird dir immer leichter fallen. So wie

Krankheiten Götterboten sind, überbringt dir jede negative Emotion, jeder Moment des Widerstands eine Botschaft: »Erkenne den Widerstand! Bleibe jetzt achtsam!«

Achtsamkeit bedeutet, sich dem eigenen Erleben zuzuwenden, ohne zu bewerten oder etwas verändern zu wollen. Alles darf sich zeigen, nichts wird zurückgewiesen. Achtsamkeit lässt sich schulen zum Beispiel im Beobachten und Erfühlen des Atems. Indem du mit dem Atem vertrauter wirst, wird er sich beruhigen. Versuchst du, ihn zur Ruhe zu zwingen, geschieht das Gegenteil. Wenn sich der Atem beruhigt, entspannt sich der Körper. Ein entspannter Körper ermöglicht Einfühlung. Körperliche Empfindungen, Emotionen und Stimmungen werden deutlicher. Allmählich wirst du vertrauter mit dem, was in dir steckt. Du erlebst, wie Gedanken kommen und gehen und mit Gefühlen in Verbindung stehen.

Du kannst unter Schwierigkeiten leiden oder durch sie bewusster werden – du hast die Wahl.

Der Weg zum Seinlassen

Du beginnst also zu üben, indem du innehältst und achtsam spürst, was in diesem Moment in dir vorgeht. Praktiziere auf diese Weise wieder und wieder. Nimm Alltagssituationen zu Hilfe: den Fahrstuhl, der nicht kommt, überfüllte Busse, den Ärger am Arbeitsplatz, die laute Musik der Nachbarn. Halt immer wieder inne und frage dich: »Was erlebe ich?« und »Was passiert in diesem Moment in mir?«, »Wie stehe ich dazu?«, Wie ist mein Verhältnis zum jetzigen Moment?«, »Akzeptiere ich, was geschieht, oder gibt es Widerstand?«, »Bin ich offen oder verkrampft? Im Frieden oder im Kampf?«

Dabei kann dir vor allem dein Atem wichtige Hinweise geben. Wenn du dich im Widerstand befindest, geht der Atem meist nicht tief und ruhig, sondern flach und ruckartig, er fühlt sich »schwergängig« an. Beobachte ihn genau, ohne Einfluss nehmen zu wollen. Dein Atem kann dich zu deinen Körpergefühlen führen. Du bemerkst dann zum Beispiel, dass Brust und Bauchraum verkrampft sind. Je mehr du die Achtsamkeit auf deinen Körper lenkst, desto früher spürst du Angst, Ärger oder Unruhe in dir entstehen.

Versuche dann nicht, deine negativen Gefühle zu beseitigen. Negative Gefühle sind Ausdruck von Widerstand. Baue auch keinen Widerstand gegen den Widerstand auf. Auch hier beginnt die Praxis mit Erspüren und Seinlassen. Alles, was du bekämpfst, verstärkst du nur – das ist ein Naturgesetz. Sage also dem Widerstand: »Auch du gehörst dazu! Auch du darfst sein.«

Denke auch nicht über den Widerstand nach. Denken nährt ihn. Wenn du den Widerstand nährst, bleibst du in ihm stecken. Begrüße den Widerstand und spüre ihn. Vielleicht hilft es dir, wenn du zunächst ganz sachlich feststellst, was passiert, indem du innerlich sagst: »Ich nehme wahr, da ist Widerstand.« So verliert er seine bedrohliche Kraft. Er wird gewissermaßen zu einer Energiewolke, durch die du hindurchgehen kannst. In einer Wolke ist nichts Festes, nichts Dauerhaftes, was dich verletzen oder erdrücken könnte.

Sicher, es braucht Mut, durch diese Wolke hindurchzugehen. Der Geist fällt außerdem immer wieder leicht in alte unheilsame Gewohnheiten zurück. Die eingeübten Verhaltensmuster erscheinen uns lange als die einzig möglichen, als quasi natürliche Reaktionen: »Mir ist Unrecht widerfahren – also muss ich auf die Barrikaden!« Wir glauben, dass wir bedroht sind und dass wir untergehen werden, wenn wir nicht kämpfen. Diese Gedanken und Überzeugungen führen uns tiefer in den Widerstand.

Je häufiger du in Übereinstimmung mit dem gegenwärtigen Moment bist, desto stimmiger wird sich dein Leben anfühlen. Du öffnest dich dann für die Kraft, die in dir schlummert, so als würden sich Kanäle zu deinen inneren Ressourcen öffnen. Nun kannst du auf angemessene Weise mit dem Unrecht umgehen.

Widerstand benennen

Zunächst wird der Widerstand dich immer wieder besetzen. Deswegen ist es hilfreich, wenn du weitere Herangehensweisen kennst: In der Psychologie gibt es die Technik des »Partialisierens« (von Lateinisch *pars*: der Teil). Zunächst nimmst du wahr, welche Gefühle in dir aktiv sind. Diese beschreibst du dann als ein *Etwas* in dir. Aus »Ich bin ärgerlich« wird »Da ist Ärger in mir«. Aus »Ich bin traurig« wird »Da ist Traurigkeit in mir« und so weiter. Diese Methode entspricht der buddhistischen Praxis des Etikettierens.

Widerstand verbraucht Energie und verstärkt oft genau das, was er beseitigen möchte.

Du verleugnest die negative Emotion nicht, aber statt dich voll und ganz mit ihr zu identifizieren, stellst du klar, dass es sich um vergängliche Phänomene im Geist handelt. Das Benennen hilft dir, deine Achtsamkeit auf das negative Gefühl zu richten. Indem du es bewusst wahrnimmst, entziehst du dem Gefühl die Kraft, dein Verhalten zu bestimmen. Du erkennst: Ich bin mehr als diese Emotion, ich bin mehr als der Widerstand.

Wenn du so praktizierst, wirst du dich selbst immer mehr als einen Raum wahrnehmen, in dem Gefühle und Gedanken zu Tage treten. Du identifizierst dich nicht mehr mit ihnen, sondern beobachtest, wie sie kommen und gehen, und bist im selben Moment frei. Die negativen Emotionen sind nur Besucher in deinem Haus, egal ob du sie nun eingeladen hast oder ob es sich um ungebetene Gäste handelt.

Wer ist es, der empfindet?

Eine weitere Möglichkeit, Widerstand aufzulösen und mit dem gegenwärtigen Moment in Einklang zu kommen, besteht darin, das Ich zu erforschen, das in Widerstand geht.

Für Ramana Maharshi war diese Frage die Essenz der spirituellen Praxis. In seinem Essay »Wer bin ich?« schreibt er dazu:

> »Wenn andere Gedanken auftauchen, dann denke den aufsteigenden Gedanken nicht zu Ende, sondern erforsche auf der Stelle: ›Wer ist es, dem dieser Gedanke

kommt?‹ Was macht es schon aus, wie viele Gedanken dir kommen? Sobald sich ein Gedanke bildet, erforsche aufmerksam: ›Wem kommt dieser Gedanke?‹ Die Antwort lautet: ›mir‹. Wenn du weiterforschst: ›Wer bin ich?‹, kehrt der Geist zu seinem Ursprung zurück und der auftauchende Gedanke verblasst. Wenn du das ausdauernd praktizierst, wächst die Kraft des Geistes, in seiner Quelle zu bleiben.«[4]

Die Identifikation schafft den Widerstand. Die Empfindung »Ich will etwas« beziehungsweise »Ich will etwas nicht« wird zum Hindernis. Auf die Identifikation mit dem Ich-Gedanken folgt die Identifikation mit der ganzen individuellen Persönlichkeit. Und darauf beruhen alle Widerstände. Indem du erforschst, wer es ist, der in Widerstand geht, wirst du deine selbstauferlegten Begrenzungen allmählich durchschauen. Dieser Prozess braucht Zeit und beharrliches Hinterfragen: »Wer ist es, der denkt, fühlt, handelt?« Versuche nicht, diese Fragen mit dem Verstand zu beantworten. Im Gegenteil: Die Fragen sind darauf ausgerichtet, die Vorherrschaft des Verstandes aufzulösen. In der Selbsterforschung und Rückführung aller Ich-Wahrnehmung zu ihrer Quelle geht es nicht um intellektuelles Wissen, sondern um intuitives Verstehen. Die Antwort kann nicht er-

Interessiere dich nicht nur für die Erscheinungen, sondern auch für das Bewusstsein, das sie ermöglicht.

4 Ramana Maharshi: Wer bin ich? Der Übungsweg der Selbstergründung. Norderstedt: BoD 2008

dacht, sondern nur erfahren werden. Wir können sie uns erschließen, indem wir immer wieder geduldig innehalten und die immer gleiche Frage stellen: »Wer bin ich?«

Bewusstsein erleben

Annehmen lässt sich also auf verschiedene Weise praktizieren. Zum einen können wir bewusst Emotionen und Gedanken wahrnehmen und sein lassen. Das bedeutet, ihnen die Macht zu nehmen, den Geist zu besetzen. Zum anderen können wir uns fragen, wer es ist, der diese Erfahrungen macht. Beide Zugänge stärken deine Bewusstheit.

Mit wachsender Bewusstheit erlebst du weiter Gedanken, das Spiel der Sinneskontakte und wie daraus Gefühle entstehen. Du erlebst innere Bilder, die in dir hochkommen. Sie alle bilden die Oberfläche des Lebens, vergleichbar mit Wellen, die auf dem Meer tanzen. Je unbewusster du bist, desto leichter identifizierst du dich mit diesem oberflächlichen Wechselspiel. Wenn die Gefühle angenehm sind, willst du sie behalten beziehungsweise immer wieder haben. Wenn sie unangenehm sind, willst du sie loswerden. Das heißt: Du haftest an oder du gehst in Widerstand. Anhaften und Widerstand sind im Prinzip das Gleiche, zwei Seiten derselben Medaille: Du willst möglichst angenehme Sinneskontakte und Gefühle. An der Oberfläche geht es nur darum. Bewusstheit durchbricht die Identifikation. So kann eine neue Wahrnehmung entstehen. Du erlebst gleichzeitig Gedanken, Gefühle, in-

Mit dem Erleben der Tiefe verliert die Oberfläche ihre Bedrohlichkeit.

nere Bilder und den Raum des Bewusstseins, der dies alles ermöglicht und in dem dies alles geschieht. Emotionen und Gedanken verlieren ihre Wucht. Es ist, als hätte sich eine dritte Dimension aufgetan: Du nimmst gleichzeitig Oberfläche und Tiefe wahr.

Mit dieser Wahrnehmung verliert aber die Welt ihre Bedrohlichkeit. Nur wenn wir die Oberfläche alleine erleben, nimmt sie schnell bedrohliche Formen an.

Umgang mit Schwierigkeiten

Auf diese Weise bewusst zu sein, braucht im Allgemeinen sehr viel Übung. Gedanken und Gefühle haben eine große Sogkraft. Sie können dich leicht in die Identifikation mit ihnen hineinschrumpfen lassen. Vielleicht erlebst du die dritte Dimension zunächst in der Meditation und verlierst sie im Alltag wieder. Oder du erlebst sie für den Bruchteil einer Sekunde und schon ist sie wieder weg. Das ist normal.

Vielleicht kommt auch Ungeduld auf. Ungeduld ist eine Form des Widerstands, und Widerstand kann sich auch gegen deine Übungspraxis richten. »Jetzt habe ich endlich mal Zeit zum Meditieren und werde einfach nicht ruhig!«, denkst du verzweifelt und versuchst, die Ruhe herbeizuzwingen. Versuche, das ebenfalls zu akzeptieren. Egal was passiert: Übe einfach weiter!

Langsam aber sicher wirst du mit dieser Praxis negativen Gedanken und Gefühlen den Boden entziehen. Du wirst in deinem Leben weiter Erfolg erleben und scheitern, wirst Lob und Kritik ernten, wirst jubilieren und weinen.

Du wirst erleben, wie du dich in schwierigen Zeiten verhärtest und den Zugang wieder verlierst. Doch allmählich wird das äußere Geschehen die Macht über dein Innenleben verlieren. Unruhe wird abnehmen. Du wirst von den äußeren Umständen weniger verlangen. Manches wird weniger wichtig. Gleichzeitig erlebst du dich mehr in Verbindung mit dir und der Welt.

Erinnere dich auf dem Weg – auch im Alltag – immer wieder: Alles, was im Geist geschieht, bietet eine Chance. Jeder Gedanke, jedes Gefühl kann zum Zugang zu dieser dritten Dimension werden. Du kannst diese Dimension Raum nennen oder Sein – das sind nur verschiedene Worte für etwas, das Worte nicht beschreiben können.

Wege aus der Angst

In jedem Leben gibt es Angst, und in jedem Leben gibt es Furcht. Furcht schlägt in Gefahrensituationen Alarm und steigert die Konzentrationsfähigkeit. Wenn beispielsweise ein Auto auf dich zufährt, lässt sie dich zur Seite springen. Furcht wirkt also als Beschützerin.

Angst hingegen blockiert dich. Sie kann in verschiedenen Formen zutage treten: als Nervosität, als Schlaflosigkeit, als Anspannung oder Beklemmung, als klar erkennbare Angst und im Extremfall als Panik.

Nach Angaben der Weltgesundheitsorganisation erleben etwa 15 Prozent der Deutschen irgendwann im Leben eine Angststörung, also eine besonders schwere Form von Angst, die sie in ihrem Alltag zum Teil erheblich beeinträchtigt. Rund acht Millionen Menschen in Deutschland leiden unter behandlungsbedürftigen Ängsten, und viele Millionen Packungen Angstlöser werden pro Jahr verkauft.

Furcht beschützt,
Angst lähmt.

Der Begriff Angst stammt vom lateinischen Wort *angustia* ab, das »Enge, Eingeschnürtsein« bedeutet. Angst verengt unsere Wahrnehmung, und zwar die Wahrnehmung der Außenwelt wie der Innenwelt. Wer Angst hat, kann weder den gegenwärtigen Moment klar wahrnehmen noch

Handlungsspielräume erkennen. Die Angst lässt uns vom schlimmsten Verlauf aller Dinge ausgehen und gaukelt uns vor, dass wir keine Wahl hätten. Aus enger Wahrnehmung kommen wir zu falschen Schlüssen, und falsche Schlüsse führen meist zu wenig hilfreichen Verhaltensweisen. Der Buddha hat davor gewarnt, aus Angst zu handeln.

Unsere inneren Kraftquellen zu erschließen bedeutet, Energie so zu kanalisieren, dass sie zu einer heilsamen Entwicklung beitragen kann. Angst zieht Energie ab und blockiert so diesen Prozess. Das gilt es zu verstehen. Durch Verständnis lassen sich negative Energien umwandeln.

Potenziell ist jegliches Erleben geeignet, mitfühlendes Verständnis anwachsen zu lassen – auch die Angst. Wie ein Alchimist gewöhnliches Metall zu Gold macht, kannst du Angst in mitfühlendes Verständnis verwandeln. Dazu ist es notwendig, sich der Angst bewusst und mutig zuzuwenden und ihr Wesen, ihre Ursachen und ihre Auswirkungen zu durchschauen. Die tiefste Ursache der Angst liegt in deiner Vorstellung von dir selbst als begrenzter, vergänglicher Person, mit der du dich identifizierst.

Identifikation mit dir als begrenzter Person ist die tiefste Ursache der Angst.

Extremfall Panik

Panik ist eine extreme Form der Angst, an der deutlich sichtbar wird, wie Angst neue Probleme hervorruft, statt zur Lösung beizutragen. Verständiges Handeln ist dabei völlig ausgeschaltet. Panische Menschen verhalten sich unkontrolliert, meistens in Verbindung mit starken Fluchtimpulsen.

Als Arzt lernte ich einmal einen Mann mittleren Alters kennen, der unter extremen Panikattacken litt. Er war Kriminalbeamter, also – so sollte man meinen – nicht so leicht aus der Ruhe zu bringen. Dieser Mann machte einmal Urlaub in den Bergen. Während er dort eines Abends mit seinen Freunden zusammensaß, hörte er im Radio, dass die einzige Zufahrtstraße zu dem Ort, an dem sie sich gerade aufhielten, durch eine Lawine verschüttet worden war. Kurz darauf spürte er ein Beklemmungsgefühl in der Herzgegend. Es wurde rasch schlimmer. Er hatte starke Schmerzen und bekam es mit heftigsten Angstzuständen zu tun, sein Herz raste – Symptome eines Herzinfarkts.

Seine Freunde riefen sofort einen Rettungshubschrauber. Und dann geschah etwas völlig Unerwartetes: In dem Moment, als der Mann auf der Trage in den Hubschrauber geschoben wurde, lösten sich die Schmerzen. Als der Hubschrauber abhob, war der Mann schon beschwerdefrei. Nach der Landung beim Krankenhaus stieg er von der Trage und fühlte sich völlig gesund.

Solche Erlebnisse hatte der Mann dann häufiger. Die Panik kam immer dann, wenn ihm in einer Situation scheinbar kein Weg nach draußen offenstand. Eines Tages gipfelte die Panik in einer S-Bahn. Der Zug war verhältnismäßig leer und fuhr durch ein dünn besiedeltes Gebiet im Berliner Umland. Die Panik ergriff den Mann plötzlich und ohne erkennbaren Anlass. Er zog die Notbremse, sodass die Bahn auf freier Strecke anhielt. Statt nun die Tür zu öffnen, was ohne Probleme möglich gewesen wäre, schlug er mit dem Nothammer die Fensterscheibe ein und sprang durch das zersplitterte Fenster hinaus, wobei er sich Schnittwunden zuzog.

Die Panik führte also dazu, dass der Mann sich in einer völlig harmlosen Situation großer Gefahr aussetzte und Schaden zufügte. Darin kannst du das Wesen der Angst erkennen: Sie verschlimmert Schwierigkeiten und führt zu Problemen, die es vorher nicht gab.

Wurzeln der Angst

Die Wurzeln der Angst reichen bis in die früheste Zeit unseres Lebens zurück, bis zu den Momenten, in denen wir das erste Mal Trennung gespürt haben. Im Mutterleib hast du ein hohes Maß an Geborgenheit erlebt. Es war warm. Es gab keine starken Sinnesreize. Das Licht war gedämpft und gleichmäßig, und du hörtest den regelmäßigen Herzschlag deiner Mutter. Die Welt war vermutlich noch in Ordnung für dich. Allenfalls war gelegentlich die Angst deiner Mutter spürbar.

Dann kamst du zur Welt und wurdest mit hellem Licht und lauten Geräuschen konfrontiert. Du wurdest abgenabelt. Deine Mutter war dir zwar weiterhin nah, aber du warst nun von ihr getrennt.

Wenn du in der Folge viel Zuneigung erfahren hast, ist dir vermutlich ein Teil des Urvertrauens, über das jeder Mensch verfügt, geblieben. Je weniger aber das Gefühl von Trennung durch Liebe und Geborgenheit ausgeglichen wurde, desto eher konnten sich Angstmuster bilden.

Erzogen dich deine Eltern streng, autoritär und leistungsbezogen, wurden deine Angstmuster gestärkt. Auch wenn deine Eltern dich übermäßig behütet und dir wenig zugetraut haben, hat das die Angst wahrscheinlich genährt; du hast ihre Angst gespürt, übernommen und verinnerlicht.

Hattest du hingegen Eltern, die über ein liebevolles Herz in Verbindung mit gesundem Selbstvertrauen verfügten, haben sie dir durch ihr Vorbild ein Gefühl der Geborgenheit vermittelt. Wenn ihre Zuneigung nicht an Leistung gekoppelt war, sondern außer Frage stand, hast du kaum darum fürchten müssen.

Angst entsteht aus dem Erleben von Vereinzelung. Verbundenheit vermindert Angst.

Kurz: Angst entsteht und wird genährt aus dem Erleben von Vereinzelung. Verbundenheit und Geborgenheit vermindern die Angst.

Ich erinnere mich an ein Beispiel aus meiner Jugend: Ein Freund war ein Jahr vor mir aufs Gymnasium gekommen. Dort ging es sehr streng zu, im Gegensatz zur behüteten Dorfschule, die wir gemeinsam besucht hatten. Bevor ich auf das Gymnasium wechseln sollte, ließ er mehrfach warnende Bemerkungen fallen: »Ich weiß nicht, ob du das schaffst!« Als ich zu Hause davon erzählte, entgegneten meine Eltern beiläufig: »Du schaffst das schon!« Ich war folglich mit widersprüchlichen Aussagen über mich konfrontiert. Die elterliche Aufmunterung konnte mich nicht überzeugen, sie war nicht konkret und nicht kraftvoll genug. Tiefer trafen mich die Zweifel des Freundes. Sie gaben der Angst in mir Nahrung.

Gespeicherte Angstmuster

Jede Situation in unserem Leben ruft Gefühle hervor, und sie alle hinterlassen Spuren in uns. Der Buddha lehrte, dass unter unserem Wachbewusstsein ein Speicherbewusstsein liegt. Im Speicherbewusstsein lagern sich die Erinnerungen an unsere Erlebnisse und die damit verbundenen Gefühle ab. Was im Speicherbewusstsein abgelegt wird, hängt nicht davon ab, was tatsächlich passiert, sondern davon, wie du es wahrnimmst und empfindest. Gespeichert werden die subjektiven Erinnerungen an den Verlauf und die Umstände der Situation, die Emotionen und die dazu gehörigen Körpergefühle.

Diese Erinnerungen im Speicherbewusstsein ähneln Pilzsporen, die sich verkapseln können und lange Zeit in tiefen Hautschichten überleben. Sind die Bedingungen günstig, kommen die Sporen wieder an die Oberfläche, entfalten sich und lassen die Krankheit wieder aufleben. Gespeicherte Erinnerungen, Emotionen und Körpergefühle können wieder aktiviert werden, wenn wir Situationen erleben, die dem gespeicherten Erlebnis ähneln.

Frieda hatte in frühester Kindheit einen Autounfall. Das Auto, in dem sie saß, war auf ein anderes Auto geprallt, das vor ihnen fuhr und plötzlich scharf bremste. Frieda wurde zum Glück nicht verletzt, erschrak aber zutiefst und bekam große Angst. Diese Angst lagerte sich im Speicherbewusstsein ab. Bis heute kommt sie immer wieder hoch, wenn Frieda als Beifahrerin im Auto sitzt. Sie schreit plötzlich auf, zuckt zusammen und verkrampft sich, weil sie das Gefühl hat, der Fahrer führe zu dicht auf und könnte nicht mehr bremsen. Wenn sie selbst fährt, passiert ihr das nicht. Nur wenn die Situation der damaligen Situation ähnelt – wenn sie also keine Kontrolle über das Geschehen hat –, wird das Angstmuster aktiviert.

Angstmuster erkennen

Immer wenn ein altes Angstmuster zutage tritt, eröffnet sich die Möglichkeit, bewusst mit den ausgelösten Gefühlen zu arbeiten. Du hast dann die Chance, die Angst aufzulösen. Wie du das tun kannst, wird in diesem Kapitel noch ausführlich erklärt. Kümmerst du dich nicht um die Angst, kann sich das Angstmuster im Speicherbewusstsein durch das neue Erlebnis noch verstärken.

In jeder bewusst erlebten Angst liegt die Chance, sie aufzulösen.

Nicht immer ist die Angst sofort zu erkennen. Manchmal wundern wir uns über heftige emotionale Reaktionen, deren Ursachen im Verborgenen liegen. Ich erinnere mich sehr gut an eine Patientin, die zum ersten Mal in meine Arztpraxis kam. Sie betrat das Sprechzimmer mit einem offenen und freundlichen Gesichtsausdruck. Doch das änderte sich kurz darauf von einem Moment auf den anderen. Ohne jeden erkennbaren Grund verschloss sie sich. Sie wurde im Gespräch immer einsilbiger und verstockter, am Schluss richtig unverschämt.

Was war passiert? Ich erfuhr es am Nachmittag durch den Anruf einer Psychotherapeutin, bei der die Frau in Behandlung war. Sie bedankte sich und sagte: »Seit langer Zeit hängen wir an einem Problem fest und kommen nicht weiter. Jetzt haben wir den Schlüssel gefunden.«

In der Kindheit dieser Frau hatten sich Mutter und Vater getrennt. Die Mutter hatte einen neuen Freund. Dieser Mensch bezeichnete sich als Buddhist und hatte das Mädchen mehrfach vergewaltigt. Diese Gewalterfahrung hatte die junge Frau komplett verdrängt.

In meinem Sprechzimmer kamen der alte Schmerz und die Angst wieder an die Oberfläche, denn dort stehen zahlreiche Buddhafiguren und an den Wänden hängen buddhistische Bilder. Deswegen ging die Frau so heftig in Widerstand und wurde wütend. Ihr war dabei allerdings nicht bewusst, warum sie so heftige Emotionen entwickelte, denn sie nahm nur wahr, was in ihrem Wachbewusstsein geschah. Sie wurde sozusagen von unbewussten Impulsen gesteuert. Da das gespeicherte Muster aber nun an die Oberfläche gekommen war, konnte sie mit Hilfe ihrer Therapeutin die Ursachen aufspüren und bewusst damit umgehen. Sie konnte damit beginnen, die Konditionierung aufzulösen.

Angst durchschauen

Die Angst wurzelt, wie bereits gesagt, im Erleben von Vereinzelung. Anders formuliert: Du identifizierst dich mit der Wahrnehmung deiner selbst als abgetrennter, vereinzelter Person. Gerätst du nun in ungewohnte Situationen oder triffst du auf Menschen, die dir nicht vertraut sind, kann die Angst manifest werden. Du fühlst dich bedroht.

Unvertrautes Erleben ist auch Bestandteil der Meditationspraxis, die ja darauf abzielt, neue Erfahrungen zu machen. Somit wird dir auf deinem spirituellen Weg Angst möglicherweise nicht erspart bleiben. Allerdings bekommst du hier auch das Rüstzeug, dich ihr zu stellen, um sie schließlich hinter dir zu lassen.

Spirituelle Entwicklung bedeutet unter anderem Klärung und Weitung von Wahrnehmung. Schrittweise erlebst und erkennst du, dass du viel mehr bist, als du bisher wahrnehmen konntest; du reduzierst dich nicht länger darauf, eine bestimmte Person zu sein. Auch das kann zunächst Angst machen. Wenn du aber gut angeleitet wirst und weiter meditierst, wirst du auf diesem Weg deine Angst entwurzeln und sie schließlich auflösen. Wenn du deine wahre Größe kennst, gibt es nichts mehr, das Angst auslösen könnte.

Dieser Prozess braucht allerdings Zeit und geduldiges Üben. Zunächst ist deine Wahrnehmung noch begrenzt, und in deinem Alltag geschieht täglich vieles, was dir Angst machen kann.

Flucht und Aggression

In den Medien hörst du, dass die Wirtschaft kollabiert und Terroranschläge drohen. Du hast Angst vor dem Verlust deines Arbeitsplatzes oder davor, bei der Arbeit zu versagen. Du schaust auf die Alterspyramide und hast Angst, dass die Rente nicht mehr ausreicht, um deinen Lebensstandard zu sichern. Du hörst, dass die Pflege alter Menschen nicht mehr finanzierbar ist, und fragst dich, wie es dir später mal ergehen wird.

Unsere Gesellschaft bietet eine Fülle von Mitteln an, die der Angst Einhalt gebieten sollen. Es gibt unzählige Versicherungen, die mit Bildern von glücklichen Menschen beworben werden. Zeitschriftentitel, Bücher und Wochenendkurse versprechen Wege aus der Angst. Mit Medikamenten versuchen wir, sie einfach abzuschalten. Viele Menschen flüchten in Alkohol oder andere Drogen. Auch Fernsehen, Musik und Literatur dienen oft als Mittel, um die Angst nicht spüren zu müssen.

Weder Angriff noch Flucht können Angst dauerhaft auflösen.

All diese Versuche, der Angst zu entkommen, haben eines gemeinsam: Sie mögen zwar kurzfristig für Linderung sorgen, erreichen aber nicht die Wurzel der Angst, das Empfinden von Trennung. Sie führen nicht zu einem tieferen Verständnis, deswegen können sie nur begrenzt Wirkung entfalten.

Auch die Reaktionen auf Angst, die unser Körper uns nahelegt, sind meist nicht hilfreich. Wenn Angst auftritt, schüttet der Körper umgehend große Mengen der Stresshormone Adrenalin und Noradrenalin aus. Sie führen normalerweise zu Angriff oder Flucht. Bei beidem handelt es sich um Vermeidungsstrategien, und beides führt nicht zur Auflösung von Angst. Du bist dabei nicht in Verbindung mit deiner eigenen Mitte, verlierst den Zugang zu deiner Kraft und Kompetenz.

Es ist wichtig, die Muster von Angriff und Flucht zu erkennen, denn sie werden häufig nicht als Zeichen der Angst wahrgenommen. Die Angst steckt hinter vielen Formen von Ärger und Wut (Angriff) sowie oft hinter Zurückhaltung, Verzagtheit und Depression (Flucht).

Reaktionen auf Angst haben viele Gesichter: Manche Menschen setzen zum Beispiel sehr viel Kraft ein, um zu Einfluss und Reichtum zu kommen. Dahinter verbirgt sich häufig die unbewusste Vorstellung, die Angst auf diese Weise beherrschen zu können. Andere klammern sich an bestimmte Menschen und erwarten Halt von ihnen. Dieses Verhalten verstärkt die Angst aber nur, weil man unbewusst spürt, dass sich jeder Mensch ständig verändert und somit den ersehnten dauerhaften Halt nicht geben kann.

Vermeidungsverhalten verhindert Verständnis.

So wird Angst immer wieder hochkommen. Ändern werden sich lediglich die Situationen und Objekte, die Angst auslösen. Oft sind sie ohnehin nur Ersatzobjekte: Die Maus, die uns in Panik versetzt, ist zum Beispiel völlig harmlos. Dahinter steckt eine viel tiefer gehende Angst, die wir nicht wahrnehmen können. Reagierst du auf Angst, indem du fliehst oder ausweichst, wird sie dein Empfinden und Verhalten weiterhin stark beeinflussen. Du musst dann ständig neue Strategien entwickeln, um Angst auslösende Erfahrungen zu vermeiden. Das wird dir nur bedingt gelingen. Die Erkenntnis, dass eine vollkommene Kontrolle des Lebens nicht möglich ist, wird deine Angst verstärken.

Vermeidungsverhalten führt außerdem nie zu Verständnis. Alle Strategien, die die eigentliche Ursache von Angst unberücksichtigt lassen, sind untauglich, sie aufzulösen. Eher binden sie dich an die Angst und blockieren die Klärung und Läuterung deiner Wahrnehmung.

Mittel gegen die Angst

Umgekehrt gilt: Wenn du dich der Angst stellst, kann sie zu deiner Lehrmeisterin werden. Um mit der Angst zu praktizieren, bereite dich gut vor. Sorge für dich und deinen Körper. Suche nach Möglichkeiten, deinem Körper etwas Gutes zu tun und ihn zu entspannen. In einem angespannten Körper erscheinen viel leichter Angst erzeugende Gedanken. Ein entspannter Körper hilft dem Geist, sich ebenfalls zu entspannen. Gedanken und Gefühlen begegnest du dann mit mehr Gelassenheit.

Diese Einsicht des Buddha bestätigt auch die moderne Wissenschaft: Je höher die Grundspannung des Körpers ist, desto leichter kann sich Angst entwickeln. Alles, was das Wohlbefinden des Körpers unterstützt, ist darum auch ein Mittel gegen Angst.

Natürliche Mittel gegen Angst sind Güte, Mitgefühl und Vertrauen – alles Qualitäten von Metta (»Liebende Güte«). Metta ist ausgerichtet auf Verbindung und reduziert das Erleben von Trennung. Metta kann Angst heilen.

Seinen Mönchen, die im Wald lebten und oftmals Angst vor Geistern hatten, empfahl der Buddha Metta-Meditation. Er hielt für sie die Lehrrede von der Liebenden Güte (siehe Seite 177), die auch heute noch als Schutztext gilt.

Ich empfehle dir, sie auswendig zu lernen und Metta zu einem regelmäßigen Bestandteil deiner Praxis zu machen. In Zeiten der Angst kannst du dann den Schutz von Metta erfahren. Metta öffnet uns, weitet das Herz und bringt uns in Verbindung mit Ebenen von Geborgenheit und Sicherheit, die von Angst unberührt bleiben.

Sich der Angst zuwenden

Was kannst du konkret tun, wenn Angst aufkommt? Das Wichtigste: Wende dich der Angst direkt zu. Die Achtsamkeit ist dabei das wichtigste Hilfsmittel. Dank Achtsamkeit erlebst du, wie die Angstmuster aus dem Speicherbewusstsein ins Wachbewusstsein treten. Erlebe möglichst genau, wie die Angst entsteht, sich ausbreitet und dich zu besetzen droht. Für einen guten Umgang mit der Angst – wie mit anderen Emotionen – kannst du dir eine Formel einprägen:

Erkennen – annehmen – Raum geben

Angst *erkennen* bedeutet, überhaupt erst einmal zu bemerken, dass sie entsteht. Angst *annehmen* heißt, Flucht- und Angriffstendenzen zu widerstehen, also weder mit Vermeidung noch mit Aggressionen zu reagieren und innerlich nicht in Widerstand zu gehen. Der Angst *Raum geben* bedeutet, sie sein zu lassen, um sie auf tiefere Weise zu durchschauen. Wenn du die Angst durchschaust, wird sie dich nicht länger kontrollieren können.

Annehmen und Raum geben nehmen der Angst die Macht.

Identifizierst du dich hingegen mit der Angst und reagierst aus alter Gewohnheit mit Widerstand oder Flucht, wirst du das Angstmuster am Leben halten. Jedes Verhalten, das aus Angst entsteht, stärkt die Angst. Jeder Moment, in dem Angst sein darf, trägt dazu bei, sie aufzulösen.

Achtsamkeit auf den Körper

Übe zunächst mit kleinen Ängsten. Dein Körper kann dir helfen, sie zu spüren, denn Angst zeigt sich meist schneller im Körper als im Bewusstsein.

Ist die Achtsamkeit auf den Körper nur wenig geschult, wächst Angst in bestimmten Situationen zunächst unbemerkt an. Hat sie dich erst einmal im Griff, kannst du dann oft nicht mehr viel tun, die Angst führt dann meist zum gewohnten unheilsamen Verhalten. Schulst du aber die Achtsamkeit auf den Körper, kann er dir als Wünschelrute dienen.

Deine Wahrnehmung verfeinert sich, und immer früher bemerkst du die Anzeichen der Angst: Herzklopfen, schweißnasse Hände, Enge im Brustraum, ein drückender Kloß im Hals, Verspannungen in den Schultern. Deine Stimme wird dünner, höher und schwächer. Versuche, die Körpergefühle zu spüren, ohne sie zu bewerten oder über sie nachzudenken. Angst speist sich aus spekulativen Gedanken, vor allem aus Zukunftsgedanken. Die Achtsamkeit beendet diese Gedanken, indem sie dich ins Erleben des gegenwärtigen Moments führt.

Durch Achtsamkeit löst du dich aus der Identifikation mit der Angst. Das bedeutet: Du kannst sie in dir von einem sicheren Standort aus beobachten, ohne sie abzulehnen oder zu leugnen. Du merkst, dass du nicht diese Angst *bist* (»Ich *bin* ängstlich«). Stattdessen erlebst du Angst als ein Geschehen, das du in deinem Körper beobachten kannst (»Da ist Angst.«).

Wenn es dir hilft, kannst du innerlich mit Schlagworten benennen, wie sich die Angst anfühlt: »drückend«, »brennend«, »stechend«, »Kloß im Hals«, »Enge«, »Herzklopfen« und so weiter. Dieses Vorgehen nennt man Etikettieren. Dank dieser Übung spürst du immer besser, wie sich die Angst verändert und allmählich abnimmt. Je besser du die Angst spüren kannst, ohne dich kontrollieren zu lassen, desto eher wird sie wieder verschwinden. Mit der Zeit verstehst du: Angst ist nur ein Gefühl – es kommt und geht.

Achtsamkeit auf den Atem

Ebenfalls hilfreich ist die Achtsamkeit auf den Atem, wie sie bereits in anderen Kapiteln beschrieben wurde. Wenn du den Atem genau beobachtest und ihn spürst, beruhigt er sich. Ein ruhiger Atem beruhigt den Körper. Und in einem ruhigen Körper beruhigen sich die Emotionen, auch Angst nimmt ab. Umgekehrt kann Angst in einem angespannten Körper leichter anwachsen.

Achtsamkeit auf die Gedanken

Die Angst wird von Gedanken angetrieben wie von einem Motor. Deswegen kann Achtsamkeit auf die Gedanken verhindern, dass Angst aufkommt und wächst.

Eine typische Angewohnheit des ungeschulten Geistes ist das »Was-ist-wenn-Denken«. Die Gedanken beziehen sich nicht auf die Gegenwart, sondern auf ein unerwünschtes Ereignis, das in der Zukunft geschehen könnte: »Was ist, wenn ich kurz vor der lange geplanten Reise krank werde?«, »Was ist, wenn mir die Stimme versagt, während ich den Vortrag halte?«, »Was ist, wenn ich meinen Job verliere?«

Eine endlose Kette spekulativer Befürchtungen setzt sich in Gang. Die Gedanken erzeugen Gefühle von Hilflosigkeit und Unsicherheit, und daraus erwachsen Ängste. Darunter leidet wiederum die Handlungsfähigkeit.

Wie viel von dem, wovor du in deinem Leben Angst hattest, ist tatsächlich eingetreten? Bei den meisten Menschen ist es nur ein winziger Bruchteil.

Das illustriert das Beispiel einer Frau, die mir einmal von ihren Ängsten erzählte. Während eines Gottesdienstes hatte sie plötzlich Angst, den Gasherd nicht abgestellt zu haben. Sie malte sich in allen schrecklichen Details aus, was nun passieren könnte, sah, wie in ihrer Wohnung alles verbrannte, was sie besaß, sah das brennende Haus, in dem sich ihre Wohnung befand, und den Großeinsatz der Feuerwehr. Bis sie sich schließlich daran erinnerte, dass sie überhaupt keinen Gasherd besaß.

Manche Gedanken nähren die Angst, indem sie Schwächen oder Fehler aus der Vergangenheit in die Zukunft projizieren: »Bei meinem letzten Vortrag habe ich den Faden verloren. Dieses Mal wird es bestimmt noch schlimmer.« In solchen Gedanken werden die Schwächen aufgeblasen, die Stärken und positiven Erfahrungen hingegen verkleinert und als Ausnahme betrachtet. Auch bewertende und vergleichende Gedankenmuster begünstigen Angst. Sie können Befürchtungen hervorrufen, im Vergleich schlecht abzuschneiden oder nicht gut genug zu sein.

Angstgedanken erzeugen Angstgefühle, die wiederum Angstgedanken hervorbringen. Wenn du dich in Achtsamkeit auf den Inhalt deiner Gedanken übst, kannst du diesen Teufelskreis durchschauen und durchbrechen. Halte also immer wieder inne und frage dich: »Was denke ich gerade?«

Angstgedanken erzeugen Angstgefühle.

So lernst du, den Geist zu kontrollieren und den Inhalt der Gedanken selbst zu bestimmen. Gibst du dem Geist hingegen keine Richtung des Denkens vor, wird er von Gedanken überschwemmt und beherrscht und reagiert nur darauf. Er wird von angenehmen oder unangenehmen Impulsen im Äußeren wie im Inneren hin und her geworfen.

Kurz: Du hast die Wahl, dich von Gedanken kontrollieren zu lassen oder die Gedanken zu kontrollieren.

Achtsamkeit auf den Vorgang des Denkens

Wenn du in der Achtsamkeit auf die Inhalte der Gedanken schon geübt bist, kannst du im nächsten Schritt die Achtsamkeit auf den *Vorgang* des Denkens lenken. Du nimmst wahr, wie Gedanken in deinem Bewusstsein auftauchen, sich verändern und wieder verschwinden. Die Inhalte der Gedanken verlieren auf diese Weise an Kraft, sie können die Angst nicht mehr so leicht anfachen. Dein Verständnis vom Wesen der Gedanken wird sich vertiefen und du wirst immer weniger von Angstgedanken gesteuert.

Angst direkt erleben und verstehen

Mit geschulter Achtsamkeit kannst du dich auch direkt auf die Angst einlassen. Du wendest dich der Angst dabei nicht nur zu, sondern entscheidest dich, sie ganz und gar zu spüren. Dazu braucht es ein bisschen Mut und Vertrauen. Angst nährende Gedanken beachtest du jetzt nicht mehr. Je direkter und unerschrockener du die Angst erleben kannst, desto klarer wird ihr Wesen: Sie ist ein vergänglicher, leidhafter Zustand, dabei wolkengleich, ohne Kern, ohne wirkliche Substanz. Manchmal kannst du in ihrer Mitte eine unglaubliche Stille erleben, so wie im Auge eines Hurrikans.

> Angst ist ein vergänglicher, leidhafter Zustand ohne wirkliche Substanz.

Auch die Bedingtheit der Angst wird dir nun deutlich: Sie kann nur entstehen und bestehen, wenn bestimmte Bedingungen zusammenkommen. Entfallen die Bedingungen, fällt der Angstzustand in sich zusammen. Dies zu durchschauen hilft dir, Angst nicht länger als etwas Persönliches zu erleben, sondern als eine Erscheinung im weiten Raum des Bewusstseins.

Weitere Hilfsmittel im Alltag

Wenn sehr große Angst dich überschwemmt, hast du manchmal keine Möglichkeit, die geschilderten Mittel anzuwenden. Du brauchst dann zunächst einen Notfallplan, um wieder einigermaßen klar denken und sinnvoll handeln zu können. Richte in solchen Momenten deine Aufmerksamkeit auf harmlose Details in der Außenwelt. Welche sinnlichen Eindrücke kannst du erleben? Was kannst du spüren, sehen, hören, riechen?

Ich erinnere mich an die Geschichte eines Mannes, der eine Panikattacke erlitt und in seiner Not aus einer Telefonzelle einen Freund anrief. Der Freund versuchte nicht, den Mann zu besänftigen, denn das hätte wenig Aussicht auf Erfolg gehabt. Stattdessen forderte er ihn auf, die Umgebung bis ins Detail zu beschreiben: »Wo genau bist du?«, »Wie riecht es in der Telefonzelle?«, »Welche Farbe hat der Hörer?«, »Lies mir doch bitte die Werbung vor!« Dieses Vorgehen brachte den von Panik erfassten Mann wieder auf festen Boden. Er fand zurück in den gegenwärtigen Moment.

Menschen, die viel mit Angst zu tun haben, hilft es häufig, sich zu »erden«, also zum Beispiel in die Natur zu gehen, im Garten zu arbeiten oder andere »handfeste« Tätigkeiten auszuüben.

Sehr wirkungsvoll ist auch die Vorstellungskraft. Wenn Angst aufkommt, kannst du versuchen, dir etwas Schönes und Helles vorzustellen. Schaffe dir mit Hilfe der Vorstellung einen Schutzraum und begib dich dann möglichst ganz und gar in diese Vorstellung hinein.

Vorstellungskraft kann einen Schutzraum schaffen.

Als Kinder haben vermutlich viele von uns gute Erfahrungen mit dieser Methode gemacht. Auf meinem Schulweg habe ich als kleiner Junge häufig Angst erlebt. Ich musste jeden Morgen zwei Kilometer weit ins nächste Dorf gehen. Im Winter war es morgens noch dunkel. Über dem Weg führten Hochspannungsleitungen entlang und brummten fürchterlich. Manchmal kam noch Nebel hinzu. Dann hatte ich das Gefühl, die Leitungen hingen so tief, dass sie mich fast berührten. Ich hatte große Angst.

Und was tat ich? Damals habe ich gerne Autofahren gespielt. Ich habe mir deshalb von zu Hause immer einen Kochtopfdeckel mit auf den Schulweg genommen. Der war mein Lenkrad. Ich fuhr einen Lastwagen, und dem konnten die Leitungen nichts anhaben. Auf diese Weise bin ich jeden Morgen zur Schule »gefahren«.

Die Vorstellungskraft kann sogar in wirklich lebensbedrohlichen Situationen den entscheidenden Unterschied ausmachen. Das verdeutlicht die Geschichte einer Jüdin, von der mir einmal eine Kursteilnehmerin berichtete, die mit ihr befreundet ist. Die heute über 90-jährige Frau stand in der Nazizeit als junges Mädchen mehrmals kurz davor, erschossen zu werden. Mehrfach war sie im Konzentrationslager dabei, als Häftlinge in die Gaskammern geschickt wurden.

Die Freundin fragte diese Frau, wie sie diese unerträglichen Situationen habe aushalten können. Die Antwort: Die junge Frau erinnerte sich in Momenten der Angst an ihre Kinderzeit. Zu ihren schönsten Erlebnissen hatte es gehört, am Sonntagnachmittag an der Hand ihres Vaters durch die Berliner Museen zu gehen. Hand in Hand schauten sie sich die wunderbaren Bilder und Skulpturen an. Ihre Erinnerung daran war im Geist hell und freundlich und vermittelte ein Gefühl von Geborgenheit und Harmonie. So konnte sie Vertrauen und Zuversicht empfinden, selbst in äußerst bedrohlichen Situationen.

Je geschulter dein Geist ist, desto leichter wird es dir fallen, in der Imagination Schutz zu finden. Du entziehst damit der äußeren Welt die Dominanz. Hirnforscher haben festgestellt, dass bei der intensiven Vorstellung einer Situation im Gehirn dieselben Areale aktiviert werden wie in der realen Situation.

Du nutzt also mit der Vorstellungskraft deine Fähigkeit, den Geist zu lenken. Du lässt den angstbesetzten Bewusstseinszustand los und ersetzt ihn durch einen Bewusstseinszustand, der dir Sicherheit gibt. Mit Verdrängung hat das nichts zu tun, denn du verleugnest die Realität nicht. Mit deiner Vorstellungskraft löst du dich lediglich zeitweilig von ihr, um in Verbindung mit deiner Kraft zu bleiben. Auf diese Weise kommst du mit tieferen Energieebenen in dir in Verbindung, aus denen heraus du heilsam handeln kannst.

Kraftquellen

Ein weiteres geeignetes Hilfsmittel im Umgang mit Angst sind deine persönlichen Kraftquellen. Für buddhistisch Praktizierende kann zum Beispiel der Buddha Kraftquelle sein, für christliche Praktizierende Jesus oder Maria.

Auch Menschen, mit denen du sehr viel Positives verbindest, können Kraftquellen sein, unabhängig davon, ob sie noch leben oder bereits verstorben sind. Für mich ist meine Lehrerin Ayya Khema, die 1997 ihren Körper verlassen hat, fortwährende Kraftquelle. Ich richte mich aus auf die Qualitäten in ihr, die ich als vollkommen erlebt habe, zum Beispiel ihre Güte und ihre Klarheit. Daraufhin geht das entsprechende Potenzial in mir in Resonanz und setzt Kräfte frei.

Auch Orte können Kraftquellen sein, wenn sie dir Trost, Sicherheit und Stärke vermitteln und dich mit deiner eigenen Kraft in Verbindung bringen.

Indem du dich mit einer Kraftquelle verbindest, löst du dich aus der Vorherrschaft des Verstandes, der sich aus deinen Gewohnheitsmustern speist und dir deine Bewusstseinszustände diktiert.

Verbindung zur Kraftquelle löst aus der Vorherrschaft des Verstandes.

Damit dir der Zugang zu deiner Kraftquelle offen steht, wenn du ihn besonders benötigst, musst du den Kontakt zur Kraftquelle pflegen. In dieser Hinsicht können wir uns Mahatma Gandhi zum Vorbild nehmen. Völlig unerwartet wurde er in seinem Garten ermordet. Der Attentäter trat unvermittelt auf ihn zu, zog eine Pistole, verbeugte sich und schoss. Die Kraftquelle Mahatma Gandhis war seine Verbindung zu Gott. »Hé, Ram!« (»Oh, Gott!«), rief er aus. Mit seiner Kraftquelle verbunden, hatte er vermutlich einen leichteren Tod.

Wie groß die Wirkung einer Kraftquelle sein kann, zeigt die Geschichte einer Meditierenden aus unserem Berliner Zentrum. Friederike war mit ihrem Freund in den Urlaub ans Mittelmeer gefahren. Eines Abends steuerte er den Wagen durch kurvenreiche Straßen in bergigem Gelände. Plötzlich wurde er von der tief stehenden Sonne geblendet und verlor die Kontrolle. Mit großer Geschwindigkeit schoss der Wagen in einer Kurve über die Begrenzungsmauern der Straße hinaus und stürzte einen Abhang hinunter. Das Auto überschlug sich, wieder und wieder.

Als der Wagen über die Böschung schoss, sah Friederike Licht – ihre Kraftquelle. Unten stieg sie aus dem völlig zerbeulten Auto aus. Sie und ihr Freund waren zum Glück unversehrt. Das Erste, was Friederike sagte, war: »Jetzt dauert es noch ziemlich lange, bis wir wieder etwas zu essen bekommen.« Bei ihr traten keine Nachwirkungen des Unfalls auf. Sie konnte gut schlafen – keine Spur von einem Trauma. Der Freund, der das Gleiche erlebt hatte, musste sich dagegen noch jahrelang wegen posttraumatischer Belastungssymptome psychotherapeutisch behandeln lassen.

Vertrauen und Selbstvertrauen

In der buddhistischen Geistesschulung werden prinzipiell den unheilsamen Geistesformationen die entsprechenden heilsamen Qualitäten gegenübergestellt. Negative Emotionen lassen sich durch ihr Gegenteil nachhaltig schwächen oder sogar ganz auflösen.

Das Gegenteil von Angst ist – neben Metta – Vertrauen. Stärken wir unser Vertrauen, schwächen wir automatisch Angst, denn es ist nicht möglich, Angst und Vertrauen gleichzeitig zu erleben. Der Buddha hat uns geraten, Vertrauen stets mit Weisheit zu verbinden. Wenn du blind vertraust, wirst du möglicherweise enttäuscht, und Enttäuschungen können Angst und andere negative Muster nähren.

Das Zusammenwirken von Vertrauen und Weisheit hat der Buddha mit einem Gleichnis verdeutlicht. Darin steht ein blinder Riese für das Vertrauen, ein scharfsichtiger Zwerg für die Weisheit. Der blinde Riese kommt schnell voran, denn er hat immense Kräfte und kann große Schritte machen. Da er aber nichts sieht, verläuft er sich dabei ständig. Der scharfsichtige Zwerg mit seinen kurzen Beinen kommt nur sehr langsam vorwärts. Dafür sieht er sehr genau, wo es langgeht, und verläuft sich nie. Da der Zwerg so klug und weise ist, hat er eine Idee: »Wenn du mich auf deine Schultern nimmst«, sagt er zum Riesen, »dann könnte ich dir sagen, welchen Weg du nehmen musst. So kämen wir beide schnell voran und würden nie in die Irre gehen.«

Vertrauen und Angst können nicht gleichzeitig bestehen.

Vermutlich hast auch du schon erlebst, dass dein Vertrauen zerstört wurde. Unzerstörbar jedoch ist in uns allen der Same des Vertrauens. Aus diesem kann sich neues Vertrauen entwickeln, wenn die entsprechenden Bedingungen zusammenkommen.

Am besten beginnst du mit der Kräftigung des Selbstvertrauens. Es ist die Grundlage deiner spirituellen Entwicklung. Ohne die Überzeugung, dass alle Möglichkeiten der Entwicklung in dir angelegt sind, wirst du dich nicht auf den Weg machen oder du wirst bei den ersten Hindernissen kehrt machen wollen. Selbstvertrauen bedeutet, unbeirrbar weiter zu gehen, weil du weißt, dass auch dir dieser Weg möglich ist.

Viele Erfahrungen auf dem Weg werden dich darin bestätigen: Während achtsame Selbstbeobachtung mehr und mehr zu deiner zweiten Natur wird, werden nämlich nicht nur deine Konditionierungen, sondern auch deine heilsamen Anlagen sichtbar.

Du spürst: Ich muss mich nicht von Mustern, die in der Vergangenheit angelegt wurden, bestimmen lassen. Ich kann einen anderen Weg gehen. Unser Selbstvertrauen ist allerdings ständig bedroht vom Selbstzweifel. Diesem Thema ist das nächste Kapitel gewidmet.

Vertrauen ins Dhamma gewinnen

Gehst du den Weg des Buddha, werden deine Erfahrungen das Vertrauen in seine Lehre anwachsen lassen. Du erkennst, wie Angst durch Bedingungen entsteht und genährt wird und wie sie sich auflöst, wenn die Bedingungen entfallen.

Du erlebst die Vergänglichkeit aller Erscheinungen und damit, dass nichts so bleiben wird, wie es ist. »Weil alles vergänglich ist, ist alles möglich«, heißt es in einem Sprichwort. Du erfährst Verbindung und Austausch auf allen Ebenen. Langsam verblasst die Wahrnehmung von dir als vereinzeltem Wesen, als bedeutungslosem Punkt in der unendlichen Weite des Universums. Immer weniger begrenzt du dich selbst auf deinen Körper oder auf geistige Erscheinungen, also Gedanken, Gefühle und innere Bilder. Im gleichen Maße erlebst du Freiheit und Zufriedenheit. Mit jeder dieser Erfahrungen wächst dein Vertrauen in die zeitlose Wahrheit des Dhamma.

Mach dir bewusst, dass Vertrauen eine aktive Haltung ist. Je häufiger wir es üben, desto stärker wird es. Um diesen Prozess in Gang zu setzen, braucht es einen aktiven Entschluss: Ich möchte lernen, zu vertrauen.

ERSTE-HILFE-KASTEN

Notfallmaßnahmen, wenn Angst aufkommt

1. Angst erkennen und annehmen. Angst wird erst gefährlich, wenn du in Widerstand gehst.
2. Mach dir bewusst, dass Angst vergänglich ist. Jede Angst hat einen Anfang und ein Ende.
3. Richte die Achtsamkeit auf harmlose Dinge in der Außenwelt: Was sehe, höre, fühle ich? Erinnere dich an das Beispiel mit der Telefonzelle.
4. Rede über die Angst. Suche Kontakt zu anderen Menschen, lass dich vielleicht von jemandem in den Arm nehmen.
5. Richte die Achtsamkeit auf den Körper, den Atem, die Gedanken oder den Vorgang des Denkens. Praktiziere dies nicht alles auf einmal, sondern übe mit jedem Objekt einzeln.

6. Ist die Angst zu groß, weiche ihr ruhig zunächst aus. Meide Situationen, die dich ängstigen.
7. Versuche, Geduld mit dir zu haben. Angstmuster lösen sich nicht schnell auf.
8. Visualisiere Gutes, nutze die Vorstellungskraft. Denke an die Geschichte der jüdischen Frau.
9. Lass dich von etwas berühren, das dich in ein anderes Erleben führen kann. Höre zum Beispiel deine Lieblingsmusik, betrachte ein Kunstwerk oder eine Blume.
10. Konzentriere dich auf Situationen, Menschen oder Wesenheiten, die dir Kraft geben.
11. Güte und Vertrauen wirken der Angst entgegen. Praktiziere in Zeiten der Angst bevorzugt Metta-Meditation.

Selbstvertrauen statt Selbstzweifel

Ein stabiler Untergrund erleichtert das Gehen. Auf dem Weg des Buddha bilden Vertrauen und Selbstvertrauen ein gutes Fundament. Sie sind jedoch ständig vom stärksten aller Hindernisse bedroht: dem Zweifel. Eine besonders heimtückische Form des Zweifels ist der Selbstzweifel, der unsere inneren Kraftquellen komplett blockieren kann. Ihn zu erkennen und aufzulösen ist daher besonders wichtig.

Um den Schwierigkeiten in deinem Leben zu begegnen, hast du wahrscheinlich schon Einiges unternommen. Vielleicht verfügst du bereits über mehrjährige Meditationserfahrungen, hast schon viele Vorträge gehört, an Retreats teilgenommen – und dennoch erlebst du immer wieder sehr unruhige Meditationen, wirst von Gedanken hin und her getrieben. In deinem Alltag fällst du in alte Verhaltensmuster zurück, von denen du glaubtest, sie längst überwunden zu haben. In solchen Zeiten gedeihen Zweifel und Selbstzweifel.

Vielleicht wurdest du so immer verzagter, und die Verzagtheit nährte den Zweifel noch mehr: Ist Entwicklung überhaupt möglich? Vielleicht hast du auch in deinem Beruf Misserfolge erlebt, bist gescheitert oder wurdest zurückgewiesen. Oder du hast dich an deine Idealvorstellungen von deinem Leben erinnert und bist zu dem Schluss gekommen, dass es dir bisher nicht geglückt ist, sie umzusetzen. So entstand vielleicht Resignation und aus der Resignation Zweifel.

Möglicherweise hast du auch Anschluss an eine buddhistische Gemeinschaft gesucht. Dort hast du Menschen getroffen, die schon lange meditieren und auch sie haben sich in manchen Situationen egozentrisch oder ignorant verhalten und haben über andere geurteilt. Solches Erleben kann zum Nährboden für Zweifel am Dhamma werden.

Der Zweifel ist so gefährlich, weil er dich immer weiter in die Schwäche führt. Immer wieder verschafft er sich durch die Hintertür Zutritt zu deinem Geist. Dabei ist er oft nicht klar erkennbar, sondern verbirgt sich hinter verschiedenen Haltungen wie Skepsis, Bedenken, Laschheit, Unruhe, Sorge oder der ständigen Suche nach Fehlern. Ein von Zweifeln besetzter Geist ist flatterhaft, unkonzentriert und ohne Entschlusskraft.

Bei vielen Menschen richtet sich der Zweifel gegen sie selbst. Sie zweifeln dann an ihren Fähigkeiten, auch an der Fähigkeit, sich selbst zu entwickeln. So blockiert der Selbstzweifel dann tatsächlich jede weitere Entwicklungsmöglichkeit – eine selbsterfüllende Prophezeiung. Deswegen verdient diese Form des Zweifels unsere besondere Aufmerksamkeit.

Sich selbst überprüfen

Natürlich ist nicht immer Zweifel am Werk, wenn wir uns selbst kritisch begegnen. Es ist wichtig, zwischen Zweifel und konstruktiver Selbstkritik klar zu trennen. Der skeptische Zweifel blickt auf die Fehler, das Hinterfragen ist auf Verständnis ausgerichtet.

Aus der Psychologie wissen wir, dass Menschen in gewissen Abständen ihre Identitäten überprüfen und Bilanz ziehen. Zum ersten Mal geschieht das in der Pubertät. Menschen versuchen in dieser Lebensphase herauszufinden, wer sie sind. Alles gerät ins Wanken. Wahrscheinlich erinnerst du dich noch gut daran. Vielleicht fandest du dich unfähig oder hässlich, zu dick oder zu dünn. Junge Menschen in der Pubertät begegnen sich oft mit großer Strenge. In diesem Alter betrachten sich Menschen erstmals kritisch. Ein kleines Kind hat nichts an sich auszusetzen.

Der skeptische Zweifel blickt auf die Fehler, das Hinterfragen ist auf Verständnis ausgerichtet.

Etwa mit 40 Jahren ziehen viele eine Zwischenbilanz: »Was habe ich erreicht? Führe ich das Leben, das ich wollte?« Manche machen sich Vorwürfe: kein Traumjob, keine Kinder, kein Haus gebaut, keine anständige Altersvorsorge und so weiter. Die nächste Abrechnung erfolgt dann wiederum 20 Jahre später, etwa mit 55 bis 60 Jahren. »Welche meiner Ziele habe ich erreicht, welche sind auf der Strecke geblieben? Habe ich in meinem Leben etwas Vorzeigbares zustande gebracht?« Im höheren Alter kommen diese Fragen oft noch einmal auf.

Wenn du auf dein Leben blickst, versuch Selbsterforschung und Selbstzweifel sorgfältig auseinander zu halten. Selbsterforschung ist das Grundprinzip der Dhamma-Praxis. Du schaust nach innen und richtest die Achtsamkeit auf den Körper, die Gedanken und die Gefühle. Was du wahrnimmst, versuchst du anzunehmen und zu verstehen. Daraus erwachsen Klarheit und eine liebevolle Haltung dir selbst gegenüber – unverzichtbare Bedingungen für Entwicklung.

Je mehr Selbstzweifel im Spiel sind, umso kritischer wirst du dir selbst gegenüber sein. Du wirst Fehler suchen und finden. Du wirst dir vorwurfsvolle Fragen stellen wie: »Warum bin ich in meinem Beruf noch nicht weitergekommen?«, »Warum verdienen andere so viel mehr Geld als ich?«, »Warum sind meine Beziehungen immer schwieriger als die anderer Menschen?« Selbstzweifelnde Gedanken nehmen stets das Unvollkommene in den Blick und blasen es auf. Sie führen niemals zu Verständnis.

Der Selbstzweifel ist auch deswegen ein sehr heimtückisches Hindernis, weil er sich häufig in unser Empfinden einschleicht und vorgibt, dass er eine realistische Einschätzung der Situation liefert. Er will uns weismachen, wie aussichtslos alles ist und wie wenig Potenzial in uns steckt – das Gegenteil dessen, was der Buddha uns sagt.

Zusammengefasst: Selbsterforschung ist ausgerichtet auf Verständnis, ermöglicht Entwicklung und führt dich in die Stärke. Selbstzweifel ist ausgerichtet auf Beurteilen und Verurteilen, koppelt dich ab von deinen Ressourcen und lähmt dich.

Wie Selbstzweifel entstehen

Es ist normal, Selbstzweifel zu empfinden. Nur die wenigsten Menschen verfügen über ein unerschütterliches Selbstvertrauen. Selbstvertrauen zu stärken und Selbstzweifel aufzulösen ist darum ein kontinuierlicher Bestandteil deiner Praxis.

Die Bedingungen für Selbstvertrauen beziehungsweise Selbstzweifel sind in deiner Kindheit gelegt worden. Wenn du Wertschätzung erlebt hast und deine Eltern dich in deiner Entwicklung liebevoll unterstützt haben, wirst du vermutlich viel Selbstvertrauen entwickelt haben. Wenn dir deine Eltern oder deine Lehrer in der Schule wenig zugetraut und dich wenig gelobt haben, wurde dein Selbstvertrauen möglicherweise beschädigt.

Vielleicht warst du auch früh in deinem Leben krank, hast einen Elternteil verloren oder du hast dich deinen Klassenkameraden unterlegen gefühlt. Oder du hast einen Beruf erlernt, der heute nicht mehr gefragt ist, bist jetzt arbeitslos und siehst keine Perspektive. Es gibt viele Möglichkeiten, wie Selbstvertrauen Schaden nehmen kann. Die Wurzel des Selbstvertrauens kann allerdings nicht beschädigt werden. Sie ruht in uns allen und unter entsprechenden Bedingungen kann sie neues Selbstvertrauen hervorbringen und nähren.

Sehr häufig speist sich der Selbstzweifel aus alten schmerzhaften Erfahrungen. Wunden, die nie verheilt sind, schmerzen plötzlich wieder, weil eine Situation dich an die Verletzung von damals erinnert.

Einer meiner Schüler war in seiner Kindheit handwerklich nicht besonders begabt. Wenn er versuchte, sein Fahrrad zu reparieren oder ein Loch in die Wand zu bohren, reagierte sein Vater oft ungeduldig. Der Vater ging von vornherein davon aus, dass der Sohn scheitern würde, und nahm ihm oft schon nach dem ersten Versuch das Werkzeug aus der Hand, um die Sache selbst zu erledigen. Der Junge erlebte diese Situationen als schmerzhafte Zurückweisung, er fühlte sich klein, unfähig und ungeliebt. Bis heute hat er Scheu davor, einen Schraubenschlüssel oder eine Bohrmaschine zur Hand zu nehmen. Und schlimmer noch: Wenn ihm bei der Arbeit jemand Hilfe anbietet, fasst er es oft als Kritik auf und glaubt, der andere halte ihn für unfähig – auch wenn der einfach nur freundlich sein wollte. Der alte Schmerz hat damals ein Muster des Selbstzweifels angelegt, das bis heute nicht ganz aufgelöst ist. Der bewusste Umgang mit diesem Muster hat allerdings mittlerweile dazu geführt, dass er der inneren Stimme, die ihn für unfähig erklärt, meist keinen Glauben mehr schenkt.

Manchmal steckt hinter dem Selbstzweifel die Angst. Wenn dir eine Herausforderung Angst macht, wirst du vielleicht daran zweifeln, ob du das Richtige tust, um dich der Herausforderung nicht stellen zu müssen. Das kann auch bei der spirituellen Praxis passieren: Aus einem Bedürfnis nach Entwicklung hast du dich auf den Weg gemacht. Entwicklung ist verbunden mit Veränderung – und Veränderung erzeugt häufig Angst. Außerdem kommst du auf dem spirituellen Weg mehr und mehr in Berührung mit alten

Verletzungen, Unvollkommenheiten und Schwierigkeiten. Indem du nun am Weg oder an dir selbst zweifelst, versuchst du, der Angst und anderen negativen Emotionen auszuweichen und jede Änderungsmöglichkeit im Keim zu ersticken – der Zweifel fungiert als Veränderungsverhütungsmittel beziehungsweise Entwicklungsbremse. In der Regel bemerkst du diesen Mechanismus gar nicht, sondern glaubst, deine Zweifel hätten einen »vernünftigen« Grund.

Solange du im Selbstzweifel stecken bleibst, kann sich seine Energie auf viele Lebensbereiche ausweiten Er beeinflusst dich in deinen Beziehungen, bei deiner Arbeit und in deiner spirituellen Praxis, Selbstzweifel vermehren und verbreiten sich in deinem Leben wie ein Virus. Sie können schließlich den ganzen Organismus vergiften und lahmlegen, wenn du ihnen nicht entschieden entgegentrittst.

Identifikation mit dem Verstand

Den Nährboden für Selbstzweifel schafft der Verstand. Nichts gegen den Verstand, wir kommen im Alltag nicht ohne ihn aus. Der Verstand ist ein guter Diener – aber ein schlechter Chef. Wenn du ihm das Regiment überlässt, koppelst du dich ab von deinen Gefühlen und Bedürfnissen. So verhinderst du, dass du dich selbst verstehen und wertschätzen kannst.

Der Verstand ist ein guter Diener – aber ein schlechter Chef.

Es gehört zum Wesen des Verstandes, dass er eingeschliffene Denkmuster aktiviert. Manche dieser Muster enthalten Überzeugungen, die zur Selbstentwertung führen. Oft hältst du sie für so selbstverständlich, dass du gar nicht mehr darüber nachdenkst: »Liebe muss man sich verdienen«, »Ich kann kein wertvoller Mensch sein, wenn ich keinen Beruf habe«, »Ich muss etwas leisten, damit die Menschen mich mögen.«

Wenn du unbewusst solche Überzeugungen hast, kannst du dich selbst nur als wertvoll empfinden, wenn bestimmte äußere Bedingungen erfüllt sind. Dieses Muster kann sich in vielen Varianten äußern: »Ich bin nur liebenswert, wenn ich Geld habe / einen anerkannten Beruf habe / ein perfekter Partner bin.« Oder: »Wenn ich mir nur richtig viel Mühe gebe, dann werden die anderen mich auch lieben.« Vielleicht glaubst du auch, dass du immer eine perfekte Lösung für alle Probleme finden musst. Das ist eine Überzeugung, die nicht mit dem Leben in Einklang zu bringen ist, denn es gibt oft keine perfekte Lösung und kein Mensch kann immer alles richtig machen.

Auch in die spirituelle Praxis können sich solche Gedanken einschleichen. Du möchtest achtsame Selbstbeobachtung praktizieren, verbindest den Blick nach innen aber mit deinem inneren Muster, dich zu bewerten und zu vergleichen. Deswegen zweifelst du, ob du gut genug praktizierst, und glaubst vielleicht, dass es dir an Talent mangelt. Warum gelingt es dir nicht, regelmäßig zu sitzen? Die anderen meditieren bestimmt alle viel häufiger als du, und sie erreichen Vertiefungszustände, von denen du nur träumen kannst. Und was denken wohl die anderen, wenn du hustest oder dich bewegst, weil dein Knie wehtut? Die anderen scheinen sich überhaupt nicht zu bewegen, nur du musst dich ständig umsetzen.

Gedanken beaufsichtigen

Der Selbstzweifel aktiviert entsprechende Gedankenmuster, die wiederum den Selbstzweifel stärken. Wie lässt sich dieser Teufelskreis durchbrechen? Der Buddha rät dir, deine Gedanken zu beaufsichtigen.

Mit etwas Übung kannst du Gedanken erkennen, die dem Selbstzweifel entspringen und ihn stärken. Hilfreich ist dabei zu wissen, in welcher Form der Selbstzweifel sich häufig äußert.[5]

Selbstzweifel tritt auf in

- **Gedanken, die mit »Ich sollte … « oder »Ich muss …« beginnen:** »Ich sollte weiter sein in meiner Karriere«, »Ich sollte dankbar sein, bei allem, was ich habe«, »Ich muss häufiger meditieren«, »Ich muss mir mehr Mühe geben.« Wenn du solche Gedanken denkst, bist du nicht im Einklang mit der Gegenwart. SOLLTE ist nicht im Einklang mit IST.
- **Gedanken, die immer vom Schlimmsten ausgehen.** Es scheint große Gefahr zu drohen; alles auf dem Spiel zu stehen.
- **Gedanken, die alles gegen dich interpretieren,** zum

5 Vergleiche hierzu auch Glenn R. Schiraldi: Arbeitsbuch Selbstachtung: Selbstzweifel überwinden. Ein wirksames Programm, sich selbst mehr zu mögen. Paderborn: Junfermannsche Verlagsbuchhandlung 2008

Beispiel wenn du Äußerungen von anderen als Kritik verstehst, obwohl sie gar nicht so gemeint sind.

- **Alles-oder-Nichts-Gedanken:** »Wenn ich diesen Job nicht kriege, bin ich ein Versager«, »Wenn ich in dieser Beziehung scheitere, werde ich nie wieder glücklich sein.«
- **Gedanken, die Probleme verallgemeinern:** »Niemand mag mich«, »Die anderen gehen alle freundlich miteinander um, aber mir gegenüber sind sie distanziert«, »Niemand lädt mich ein«, »Ich mache immer alles kaputt«, »Immer werden andere vorgezogen«, »Immer ich!«
- **Gedanken mit der Struktur »Wie kann ich, wenn …«:** »Wie kann ich gut leben, wenn ich nur so wenig Geld verdiene?«, »Wie kann ich glücklich sein, wenn sich meine Kinder nur so selten bei mir melden?«, »Wie kann ich ein erfülltes Leben haben, wenn ich doch eine so schwierige Kindheit hatte?« Diese Gedanken rücken die Schwierigkeit in den Vordergrund und lassen dich die Opferrolle einnehmen.

Der Selbstzweifel führt dich mit solchen Gedanken leicht in eine statische Sicht von dir selbst: Du glaubst, dass bestimmte Mängel unveränderbar zu dir gehören. Die Diagnose »Ich *bin* unfähig« oder »Ich *bin* unbegabt« lässt keinen Raum für Entwicklung und führt dich in die Resignation. Der Schüler, dessen Vater ihm handwerklich nichts zutraute, entwickelte zum Beispiel das Selbstbild, dass er zwei linke Hände habe. Nachdem er dieses Urteil seines Vaters übernommen hatte, traute er sich lange Zeit nicht zu, den Umgang mit der Bohrmaschine erlernen zu können.

Wenn Selbstzweifel dein Denken, dein Fühlen und deine Wahrnehmung besetzt haben, beziehst du alles Negative auf dich, fühlst dich außerdem leicht Angriffen ausgesetzt und nimmst alles Mögliche als Zeichen der Abwertung. Dein Chef grüßt dich morgens etwas nachlässig, und du denkst sofort: »Er mag mich nicht.« Er war vielleicht einfach in Gedanken woanders, aber du interpretierst ihn nach deinem Muster der Selbstabwertung und machst dich klein. Das ist nicht nur schmerzhaft für dich, sondern auch sehr anstrengend für die Menschen, mit denen du zu tun hast. Sie werden ständig falsch verstanden und müssen dir immer wieder versichern, dass alles in Ordnung ist.

Selbstzweifel vergiftet auch deine Beziehungen zu anderen Menschen.

Vielleicht ziehst du dich in solchen Situationen auch verletzt zurück, wirst einsilbig und schweigst. Dann besteht die Gefahr, dass die anderen dich für unnahbar oder arrogant halten. Ihre Reaktionen bestätigen dich dann womöglich noch in deiner Wahrnehmung, dass keiner dich mag. Die Wunde wird wieder und wieder aufgerissen. So kannst du nicht zur Ruhe kommen.

Gedanken des Selbstzweifels können deine Beziehungen zu anderen Menschen nachhaltig vergiften. Nimm an, dein Partner braucht einmal etwas Zeit für sich. Das ist eigentlich etwas ganz Normales, aber du hast das Gefühl, sein Verhalten sei gegen dich gerichtet. »Warum rückt er von mir ab?«, fragst du dich. Deine Interpretation wird in diesem Moment von deiner Überzeugung geprägt, dass du nicht liebenswert bist. Du projizierst sie in sein Verhalten hinein, das ganz andere Gründe hat. Vielleicht wirst du nun wütend auf deinen Partner, weil er dich nicht zu lieben scheint. Oder du fängst an, dir selbst die Schuld zu geben, indem du dir deine Schwächen aufzählst und dich beschimpfst. Beide Verhaltensweisen werden die Situation nur verschlimmern.

Häufig begegnet uns der Selbstzweifel auch in Form von Bedenken: Wer zweifelt, glaubt ständig, dass etwas schief gehen könnte. Bestimmt kennst du Menschen, die jede neue Idee sofort mit einer Fülle von Einwänden beantworten und mögliche Probleme heraufbeschwören. Ängstlich versuchen sie, alle möglichen Schwierigkeiten vorwegzunehmen und auszuschließen, bevor sie mit einem Projekt beginnen. Sie werden dabei so übervorsichtig, dass sie oft gar nicht mehr beginnen, etwas in die Tat umzusetzen. Der Selbstzweifel verführt dazu, Schwierigkeiten zu überschätzen. So lähmen wir uns und andere.

Selbstzweifel lässt dich Gefahren überschätzen und Chancen übersehen.

Das illustriert eine alte Kindergeschichte: Klein-Hühnchen saß unter dem Baum und es fiel ihm eine Eichel auf den Kopf. »Der Himmel fällt runter!«, dachte Klein-Hühnchen, rannte los und rief immer wieder: »Der Himmel fällt runter, der Himmel fällt runter!« Und alle liefen mit. Das ist die Sprache des Selbstzweifels: Immer das Schlimmste annehmen. Immer fällt gleich der Himmel runter – dabei ist es nur eine Eichel gewesen. Nie will jemand neben mir sitzen, denkst du, dabei setzt sich vielleicht an der nächsten Station dein Traumpartner neben dich.

Der Selbstzweifel ist wie ein Dämon, der immer wiederkehrt und nicht locker lässt. Wenn dir jemand ein Kompliment macht, glaubst du ihm nicht. Du siehst nur deine vermeintlichen Schwächen und leugnest deine Qualitäten. Du konzentrierst dich auf Gefahren und übersiehst die Chancen, sperrst dich förmlich gegen Klarheit. Immer wieder laufen die alten Muster ab und werden gestärkt – bis du dich bewusst mit ihnen beschäftigst.

Selbstzweifel direkt ansprechen

Der Buddha rät dir, unheilsame Gedanken und Überzeugungen durch heilsame zu ersetzen. Um Gedanken des Selbstzweifels zu durchschauen und loszulassen, ist es hilfreich, sich ihnen zuzuwenden, als wären sie eine Person. Ich habe mir zur Angewohnheit gemacht, sie anzusprechen, sobald ich sie erkannt habe: »Du bist nicht mein Freund! Du willst mich in den Selbstzweifel treiben, und wenn ich dir glaube, schade ich mir nur.« Dabei ist es wichtig, sorgenvolle Gedanken nicht zu verdrängen, sondern bewusst wahrzunehmen.

Du kannst den Zweifel auch befragen, um mehr über die Gedanken und Gefühle dahinter herauszufinden. Frage zum Beispiel: »Was willst du bewirken?«, »Auf was möchtest du mich hinweisen?«, »Was steckt hinter dir?« Vielleicht erkennst du dann den alten Schmerz, der dich auf eine unverheilte Wunde hinweisen möchte. Vielleicht hörst du auch, wie sich hinter dem Zweifel am Dhamma dein Ego in Szene setzen will: »Ich weiß es besser, ich weiß mehr …«

Hilfreich ist auch die Methode der Gewaltfreien Kommunikation: Die Psychologin Gerlinde Ruth Fritsch empfiehlt, vor jedes schädliche Gedankenmuster eine relativierende Formulierung zu setzen: »Ich sage mir, dass ich untalentiert bin …« oder »Ich rede mir ein, dass ich nichts wert bin …«[6] Dies verhindert die vollständige Identifikation mit dem Gedanken, ohne dass du ihn verleugnest. Du entwickelst auf diese Weise einen bewussten Umgang mit dem Selbstzweifel.

Mit anderen reden

Wenn du Gedanken des Selbstzweifels erkannt hast, kannst du sie aufschreiben und vor allem über sie sprechen. Der Zweifel ist ein lichtscheuer Geselle und mag es überhaupt nicht, wenn über ihn gesprochen wird. Wenn du dich nur im stillen Kämmerlein mit ihm beschäftigst, gibst du ihm Gelegenheit, sich aufzublähen wie ein Hefeteig. Indem du mit Freundinnen und Freunden über Gedanken des Selbstzweifels sprichst, übst du dich darin, den Zweifel ans Licht zu bringen. Das Gespräch hilft dir auch, überzogene Ansprüche an dich selbst zu enttarnen. Und wenn du deine Situation aus dem Selbstzweifel heraus falsch interpretierst, kannst du dein Bild im Gespräch korrigieren. Ein guter

6 Gerlinde Ruth Fritsch, Praktische Selbst-Empathie. Paderborn: Junfermannsche Verlagsbuchhandlung, 2. korrigierte und erweiterte Auflage 2009

Freund wird dich dabei unterstützen, Selbstzweifel aufzuspüren, auszuhalten und aufzulösen.

Meditationspraxis

Der Selbstzweifel kommt über Gedanken in deinen Geist. Die Meditationspraxis ist das wichtigste Hilfsmittel, um dich von diesen Gedanken zu lösen, die dich besetzen und treiben. Sie hilft also, den Geist zur Ruhe zu bringen. In der Hingabe an den Atem oder auch an deinen Wohlfühlort im Körper begibst du dich in die direkte Erfahrung, ohne die Filter des Verstandes.

In der Stille ruhen schließlich alle Vorstellungen darüber, was du bist, warst, sein solltest oder möchtest. Im Stillsein erlebst du, was du vor, während und nach den Gedanken *wirklich* bist. Du erlebst einen Zustand der Wachheit, Klarheit und Liebe, in dem Zweifel keinen Platz haben. Dir offenbart sich eine Kraft, die viel größer ist als alle Kapriolen, die der Selbstzweifel schlagen kann.

Achtsamkeit auf die Gefühle

Sehr hilfreich ist die Achtsamkeit auf die Gefühle. Wenn du dich von deinen Gefühlen abkoppelst und dich stattdessen schädlichen Gedanken überlässt, bereitest du das Terrain für Selbstzweifel. Umgekehrt entziehst du ihnen den Boden, indem du dich auf deine Gefühle und Bedürfnisse ausrichtest. Gefühle sind dabei wie eine Wünschelrute, die dich zu deinen Bedürfnissen führt. Der US-amerikanische Psychologe Marshall Rosenberg hat das in der Theorie der

Gewaltfreien Kommunikation meisterhaft herausgearbeitet: Hinter jedem Gefühl steckt ein Bedürfnis. Es zu entdecken wirkt befreiend. Wenn du das nächste Mal auf dich selbst wütend bist, weil du glaubst, etwas nicht gut genug gemacht zu haben, kannst du dich einmal fragen: Welches Bedürfnis steckt hinter meiner Wut? Vielleicht das Bedürfnis nach Anerkennung? Nach Respekt? Nach Sicherheit?

Wenn du deine Achtsamkeit auf die Gefühle lenkst, wirst du sie nach und nach immer besser durchschauen. Wir alle identifizieren uns oft mit unseren Gefühlen und reduzieren uns auf sie: »Ich fühle mich verzagt, also bin ich schwach.« Dank der Achtsamkeit kannst du erkennen, dass Gefühle wie Energiewolken sind. Du siehst ihre Ursachen, beobachtest ihr Kommen und ihr Vergehen. Dabei stellst du fest, dass du nicht mit ihnen identisch bist. Gefühle sind vergängliche Erscheinungen in deinem Geist, weiter nichts. Wenn du dies wahrnimmst, hörst du auf, aus einem schlechten Gefühl darauf zu schließen, dass du unzulänglich *bist*.

Wenn nichts mehr geht

Sei dir beim Üben bewusst: Selbstzweifel lässt sich nicht von heute auf morgen auflösen, Selbstvertrauen nicht an einem Tag entwickeln. Dass der Selbstzweifel sich immer wieder zu Wort meldet, ist normal und kein Grund, noch mehr an dir zu zweifeln. Bei Rückschlägen mache dir bewusst, dass die spirituelle Praxis mit Sicherheit Früchte tragen wird, während jede Bestätigung deines Selbstwertgefühls von außen immer höchst unsicher ist. Hinwendung nach innen trägt immer Früchte, Suche im Außen ist oft vergeblich.

Manchmal ist der Selbstzweifel so stark, dass wir nicht mehr mit ihm praktizieren können – er überwältigt uns. Du kannst in solchen Momenten versuchen, Metta-Meditation zu praktizieren. »Liebende Güte« für dich selbst kann den Selbstzweifel auflösen (Anleitungen findest du im Anhang auf Seite 180 ff. und auf der CD).

Manchmal ist aber auch das nicht mehr möglich. Wenn nichts mehr geht, gibt es immer noch eines, was du tun kannst: den Selbstzweifel aushalten. Lenke die Achtsamkeit auf deine starken Gefühle des Selbstzweifels und deinen Widerstand dagegen. Versuche, beides so sein zu lassen, wie es nun einmal gerade ist. Du kannst vielleicht nicht loslassen – aber sein lassen, das kannst du. Damit öffnest du die Tür wieder einen Spalt, um zu erkennen, was dieser schmerzhafte Selbstzweifel ist: ein Geisteszustand, der vom Verstand erzeugt worden ist. Das lockert die Identifikation mit diesem Geisteszustand. Mit der Zeit wirst du immer besser wahrnehmen, in welchen Situationen der Selbstzweifel auftaucht und was dir hilft, dich nicht von ihm besetzen zu lassen. So wirst du von Moment zu Moment freier werden.

Selbstvertrauen statt Selbstzweifel

Langfristig schwächst du den Selbstzweifel, indem du Selbstvertrauen anwachsen lässt. Selbstvertrauen ist bei vielen Menschen mit Selbstzweifeln nur sehr schwach ausgeprägt. Zudem gründet es sich oft in ihrer körperlichen

Erscheinung, ihrer sozialen Stellung, Macht und Einfluss. Es ist also abhängig von vergänglichen Phänomenen, auf die sie nur einen begrenzten Einfluss ausüben können. Folgen wir hingegen dem Buddha, so bauen wir unser Selbstvertrauen auf ein inneres Fundament. Was in uns geschieht, können wir beeinflussen und steuern.

Selbstvertrauen ist etwas völlig anderes als Überheblichkeit. Es hat mit innerer Gewissheit zu tun, sich einer Situation gewachsen zu fühlen. Während Überheblichkeit trennend wirkt und leicht Widerstand produziert, wirkt Selbstvertrauen auf andere beruhigend und unterstützend.

Selbstvertrauen erwächst aus Dana und Sila

Die Übung beginnt – wie immer im Dhamma – mit Dana und Sila, also mit Freigebigkeit und tugendhaftem Verhalten. Dana und Sila sind auf Verbindung mit anderen ausgerichtet. Verbindung entsteht, wenn du Gefühle, Bedürfnisse und Interessen anderer in dein Verhalten einbeziehst. Wenn du dementsprechend handelst, bekommst du entsprechende Rückmeldungen. Alles, was du gibst, kommt in verwandelter Form zu dir zurück. Du erlebst Freude über das Gute, das du bewirkst, Wertschätzung für dich und Vertrauen in dein Potenzial, Gutes zu tun. Dein Selbstvertrauen wächst.

Alles, was du gibst, kommt in verwandelter Form zu dir zurück.

Versuche dabei, deine eigenen Bedürfnisse ganz bewusst genauso wichtig zu nehmen wie die der anderen. Wenn du ihnen weniger Wert beimisst, kann es ein Zeichen dafür sein, dass der Selbstzweifel sich durch die Hintertür wieder eingeschlichen hat. Das kann zum Beispiel bei einem »Helfer-Syndrom« der Fall sein. Wenn du solche Muster durchschaust, musst du ihnen nicht mehr folgen. Du kannst dich darum kümmern, wertende Trennung zwischen dir und anderen aufzugeben und stattdessen Wertschätzung für dich und sie zu entwickeln – im Wissen um die Gleichheit von allem, was lebt.

Selbstvertrauen erwächst aus Achtsamkeit

Indem wir unsere Achtsamkeit schulen, lernen wir, offen und wachsam zu erkennen, ohne zu reagieren. Solange wir von unseren Gedanken und Emotionen getrieben und kontrolliert werden, erleben wir uns ihnen gegenüber schutzlos. So entstehen Ärger, Wut oder Angst. Wir reagieren impulsiv und ungefiltert, sodass andere und wir selbst nicht vor uns sicher sind.

Wenn wir hingegen unsere Gefühle achtsam wahrnehmen können, verlieren sie die Macht über unser Verhalten, sie können unsere Balance nicht mehr zerstören. Wir erleben uns als souverän und können uns in der Welt bewegen, ohne Schaden anzurichten. Daraus erwächst Selbstvertrauen.

Selbstvertrauen durch Meditation

In der Meditation lernen wir, unsere Gedanken zu beaufsichtigen und unseren Geist zu klären. In der Folge weitet sich unsere Wahrnehmung und vertieft sich unser Verständnis. Auch hieraus erwächst Selbstvertrauen.

Das Dhamma verinnerlichen

Indem wir das Dhamma verstehen und verinnerlichen, lösen wir uns aus der Abhängigkeit von der äußeren Welt, ohne uns deswegen von ihr abwenden zu müssen. Kritik, Liebesentzug, materielle Verluste und so weiter können uns in der Tiefe nicht mehr erschüttern. Wir stehen weiterhin mitten im Leben, doch die Welt kann uns immer weniger anhaben. Daraus erwächst das größte Selbstvertrauen.

Verzeihen

In diesem Leben sind wir als Menschen geboren, also unvollkommen. Als unvollkommene Menschen treten wir in Beziehungen zu anderen, ebenfalls unvollkommenen Menschen. Unsere Wahrnehmungen sind geprägt durch unsere Biografie, unsere Erfahrungen, Gedanken und Emotionen. Sie hängen damit von vielen Faktoren ab, die sich ständig verändern und ihrerseits nicht vollkommen sind. Aus unvollkommener Wahrnehmung ziehen wir unvollkommene Schlüsse und daraus erwachsen unvollkommene Verhaltensweisen. Deswegen sind, wenn Menschen zusammenkommen, Verletzungen unvermeidlich.

Unvollkommene Menschen schaffen unvollkommene Situationen.

Wenn du glaubst, dich künftig vollkommen verhalten zu können, dann schürst du eine unerfüllbare Erwartung. Sicher warst du schon einmal verliebt und hast gedacht: »Diesen Menschen werde ich nie verletzen.« Und du erinnerst dich, wie sich die Beziehung weiter entwickelt hat. Es war dir und dem geliebten Menschen vermutlich nicht möglich, einander nie zu verletzen. Aus Verletzungen entwickelt sich oft ein Folgeproblem: Wir können uns nicht von der Verletzung lösen und werden fortan in unseren Gedanken, Emotionen und Verhaltensweisen von ihr bestimmt.

Was brauchen Verletzungen, um zu heilen? Körperliche Verletzungen brauchen medizinische Versorgung. Gute medizinische Versorgung beginnt mit Zuwendung und Aufmerksamkeit für die Wunde. Psychische Verletzungen brauchen ebenfalls Zuwendung und Aufmerksamkeit; darüber hinaus brauchen sie Verzeihen.

Wenn wir nicht verzeihen, können Verletzungen nicht heilen. Der Schmerz dauert an, und wir bleiben abhängig von der verletzenden Situation und dem Menschen, der uns verletzt hat. Diese Abhängigkeit raubt uns viel Kraft. Sie verstellt außerdem den Blick auf unsere Kraftquellen und verhindert, dass wir unsere innere Stärke entwickeln können. Deswegen ist es wichtig, dass wir uns im Verzeihen üben. Es ermöglicht uns, die Vergangenheit zurückzulassen und in der Gegenwart zu unserer Kraft zu finden.

Reaktionen auf Verletzungen

Die Spannbreite verletzender Handlungen und Haltungen ist groß. Sie reicht von unsensiblen Bemerkungen und Ignoranz über Zurückweisung und Beleidigungen bis hin zu Beschimpfungen, Verleumdungen und körperlicher Gewalt. Manche Verletzungen sind oberflächlich und heilen schnell. Andere gehen tief und treffen dich bis ins Mark. Sie verletzen dein Selbstwertgefühl und führen zu schmerzhaften Erschütterungen in deinem Leben.

Auf Verletzungen reagieren wir normalerweise mit einem der drei folgenden Verhaltensmuster:

1. **Rückzug.** Wir lassen den Rollladen runter. Wir werden einsilbig oder brechen die Kommunikation ganz ab. Äußerlich wirken wir in diesem Moment möglicherweise teilnahmslos, aber in uns brodelt es. Unsere Zurückhaltung ist kein wirklicher Rückzug, denn wir sind weiterhin an den Menschen gebunden, der uns verletzt hat. Wir erhalten die Spannung zwischen uns und ihm aufrecht, und indem wir uns in die Isolation begeben, frieren wir diese Spannung regelrecht ein. Wir zementieren also unsere Abhängigkeit von der Verletzung. Die Beziehung zu unserem Gegenüber droht immer verfahrener zu werden.
2. **Verdrängen.** Wir bagatellisieren Verletzungen, etwa indem wir sagen: »Das war doch nicht so schlimm, ist schon in Ordnung.« Oder wir versuchen, nicht mehr über die verletzende Situation nachzudenken: »Die Zeit heilt alle Wunden, wird schon irgendwie weitergehen.« Und wir gehen zur Tagesordnung über. So verdrängen wir die Gefühle ins Unterbewusste. Die Verletzung wirkt jetzt im Verborgenen und kann unser Lebensgefühl nachhaltig trüben – bis hin zur Verbitterung. Verbitterte Menschen sind unglückliche Menschen, die für sich selbst und andere schwer zu ertragen sind. Sie strahlen eine abweisende Energie aus; es ist, als hätten sie einen Zaun um sich gezogen.
3. **Angriff.** Wir blasen zum Gegenangriff und sinnen womöglich sogar auf Rache: »Das lasse ich mir nicht bieten, du wirst schon sehen!« Wir glauben, so unsere Stärke

und unser Selbstwertgefühl zurückgewinnen zu können. Doch Angriff und Rache sind untaugliche Mittel. Eine US-amerikanische Studie hat sich mit Menschen befasst, deren Angehörige durch Gewalttaten ums Leben gekommen waren. In ihrem Schmerz plädierten sie für die Todesstrafe. Die Studie zeigte aber: Ihre Schmerzen wurden nicht gelindert, wenn die Täter tatsächlich hingerichtet wurden. Ihr Schmerz wuchs sogar noch. Menschen, die Rache üben wollen, bleiben leicht in diesem Gefühl stecken. Sie schüren ein Feuer negativer Emotionen – und verbrennen sich selbst daran.

Alte Verletzungen melden sich zu Wort

Bei Gesprächen in meiner Arztpraxis erlebe ich immer wieder heftige Reaktionen, wenn Verletzungen berührt werden, die bisher nicht heilen konnten.

»Wie ist ihr Verhältnis zu Ihren Eltern?«, frage ich zum Beispiel, um die familiäre Vorgeschichte einer Krankheit besser einschätzen zu können. Manchmal ist das schon zu viel. Mein Gegenüber verschließt sich und im weiteren Verlauf des Gesprächs fließen oft Tränen der Wut, Angst oder Hilflosigkeit. Manche Patientinnen können sich einer lebensbedrohlichen Krankheit relativ gut stellen, aber befragt nach ihrer Partnerschaft, kollabieren sie innerlich. Viel unbewältigter Schmerz hat sich aufgestaut und bricht nun hervor.

Schon im Kapitel über Selbstzweifel und Selbstvertrauen ging es darum, wie »alter Schmerz« unser Denken und

Fühlen bestimmen kann. Der spirituelle Lehrer Eckhart Tolle spricht in diesem Zusammenhang vom Schmerzkörper.[7] Der besteht nach seiner Definition aus schmerzhaften Erfahrungen, die nicht ausreichend verarbeitet worden sind. Der Schmerz hat sich abgelagert, meldet sich nun wie ein eigenständiges Wesen immer wieder zu Wort und verlangt nach »Nahrung«, nach neuen schmerzhaften Erfahrungen ähnlicher Art.

Immer dann, wenn du mit ungewöhnlich starken negativen Gefühlen auf eine Situation reagierst, ist vermutlich alter Schmerz im Spiel. Wenn Schmerz nicht aufgelöst wird, hält er dich leicht in einer Opferhaltung fest. Es gilt, sich aus ihr zu befreien, denn sie beraubt dich des Zugangs zu deiner Kraft.

Verzeihen und Versöhnen

Erfolg verspricht dabei der Weg des Verzeihens und Versöhnens. Der Begriff »Verzeihen« kommt vom mittelhochdeutschen Wort *zihan*, das so viel hieß wie »beschuldigen, anschuldigen«. *Verzihen* bedeutete ursprünglich unter anderem »sich lossagen«, auf Neuhochdeutsch bedeutet es laut Duden »einen Anspruch aufgeben« und »Verschuldetes nicht anrechnen«.

7 Vgl. Eckhart Tolle: Jetzt! Die Kraft der Gegenwart. Ein Leitfaden zum spirituellen Erwachen. Bielefeld: J. Kamphausen Verlag und Distribution GmbH 2000

Ders.: Eine neue Erde. Bewusstseinssprung anstelle von Selbstzerstörung. München: Goldmann Arkana 2005

»Wenn du Helden suchst«, heißt es in der *Bhagavad Gita*, einer uralten indischen Weisheitsschrift, »dann schau auf Menschen, die Liebende bleiben, wenn sie auf Hass treffen.«

Der große Nelson Mandela verkörpert die Haltung hinter diesen Worten in Vollkommenheit. Als Freiheitskämpfer im Südafrika der Apartheid, der Unterdrückung der schwarzen Bevölkerung durch »die Weißen«, saß er 26 Jahre im Gefängnis, davon lange Zeit in Einzelhaft. Er und alle, die nicht zu der herrschenden Bevölkerungsgruppe gehörten, mussten große Demütigungen hinnehmen und wurden Opfer brutaler Gewalt.

Und dann kommt er frei. Die Machtverhältnisse im Land kehren sich um. Er wird Präsident. Es ist eine Situation, in der man mit Vergeltung rechnet, mit heftiger Gewalt und blutigen Auseinandersetzungen. Und was tut dieser Mensch? Er verzeiht. Er setzt seine Energie dafür ein, Frieden zu schließen. Schon in der Zeit der Haft hat er darüber geschrieben.

Verzeihen bedeutet, den Frieden wiederzuherstellen – auch den eigenen inneren Frieden. Es bedeutet, sich von den negativen Emotionen zu lösen, an denen wir kleben, um die Gegenwart wieder klar erleben zu können. Nicht aufgelöste Verletzungen hindern dich, bewusst und einfühlsam zu sein. Deswegen ist Verzeihen ein Aspekt von Mitgefühl und Verständnis.

Verzeihen ermöglicht inneren und äußeren Frieden.

Verzeihen heißt nicht Wegsehen

Verzeihen ist nicht das Gleiche wie Vergessen. Es bedeutet auch nicht, dass du unheilsame Verhaltensweisen dulden oder dich nicht wehren solltest, wenn dir Unrecht geschieht. Es ist sehr wichtig, dass du dich vor weiteren Verletzungen schützt. Menschen, die andere Menschen verletzen, wiederholen ihre Taten oft, weil sie nicht erkennen, was sie anderen antun. Es ist besonders schmerzhaft, wenn den »Verletzern« die Einsicht fehlt und sie ihre Taten vielleicht auch noch verharmlosen: »Stell dich doch nicht so an!« So entstehen neue Verletzungen. Schütze dich davor!

Nach dem Prozess des Verzeihens geht es auch nicht unbedingt in der gleichen Weise weiter wie vorher. Wenn dich zum Beispiel dein Partner oder deine Partnerin tief verletzt hat, kann es durchaus sein, dass ihr euch deswegen trennt. Aber erst durch das Verzeihen wird es dir möglich sein, ihn oder sie wirklich gehen zu lassen. So führt das Verzeihen auch dazu, dass ihr euch auf einer anderen Ebene wiederbegegnen könnt. Verzeihen ist also keine Haltung der Schwäche, sondern zeugt von innerer Stärke.

Verzeihen können zeugt von Stärke.

Verzeihen lernen

Nun lässt sich Verzeihen leider nicht einfach beschließen. Du kannst dich aber von ganzem Herzen darauf ausrichten und es dir als Übung vornehmen. Nötig sind dafür eine klare Absicht und ein Entschluss. Je klarer die Absicht, desto konzentrierter die Entschlusskraft. Die klare Absicht kann nur entstehen, wenn du den Wert des Verzeihens verstehst. Mach dir immer wieder bewusst, dass du mit dem Verzeihen die Grundlage für deine eigene emotionale Freiheit legst.

In manchen Lebenssituationen wird es dir schwerfallen zu verzeihen. Dann kannst du an folgende Aussage des Buddha denken: »Könnte sich nicht jedes Herz aus seiner Verstrickung lösen, würde ich euch nicht darüber belehren.« Der Buddha meint damit: Es ist auch dir möglich, dich vom Schmerz alter Wunden zu befreien. Es geschieht nicht von heute auf morgen, sondern es bedarf der Übung und einer Menge Geduld. (Die Geduld ist bei der spirituellen Praxis so wichtig, dass ihr in diesem Buch ein eigenes Kapitel gewidmet ist, siehe Seite 134 ff.)

Sich dem Schmerz stellen

Verzeihen ist ein Prozess, der bestimmte Stufen durchläuft. Im ersten Schritt beschließt du, dich dem Schmerz zu stellen. Wende dich ihm zu und werde dir bewusst, dass du Schmerz empfindest. Beginne mit kleineren Verletzungen, damit du dich nicht überforderst. Denke an die jeweilige Situation zurück und erlebe die Gefühle, die damit verbunden sind. Leiste keinen Widerstand und folge nicht den Gedanken, die jetzt möglicherweise aufkommen und die schmerzhafte Situation erklären und bewerten. Diese Gedanken würden dich noch tiefer in den Schmerz verwickeln. Statt dich in Gedanken zu verlieren, versuche den

Sich dem Schmerz zuzuwenden ist der erste Schritt zur Heilung.

Schmerz einfach nur zu spüren, ohne auf ihn zu reagieren. Wichtig ist die Bereitschaft, den Schmerz zu akzeptieren und auszuhalten. Es kann hilfreich sein, ihn mit einem Wort zu benennen, so als würdest du innerlich ein Etikett darauf kleben: »Schmerz«, »Wut«, »Trauer«. Ebenso kannst du zum Beispiel feststellen: »Da ist Schmerz«, »Da ist Wut«, »Da ist Trauer.« Um deine Akzeptanz zu stärken, kannst du dem Gefühl sagen: »Auch du gehörst dazu.«

Umgang mit Wut

Im Erspüren der schmerzhaften Verletzung kann Wut aufkommen. Sie richtet sich meist auf den oder die Menschen, die dich verletzt haben, sei es kürzlich oder vor langer Zeit. Wenn du schon länger einen spirituellen Weg gehst, hast du vermutlich häufiger gehört, dass Wut keine hilfreiche Emotion ist. Möglicherweise lehnst du dich deswegen gegen deine Wut auf. Damit verstärkst du die Wut aber nur. Es ist darum sehr wichtig, Wut nicht zu unterdrücken.

Es stimmt: Wut ist keine heilsame Emotion, und sie trägt meist einen starken Handlungsimpuls in sich. Wut will sofortige Reaktion. Der Buddha empfiehlt dir darum, nicht aus Wut heraus zu handeln. Er rät aber zugleich, sie zu akzeptieren und zu spüren. Die Wut sein zu lassen ist die notwendige Voraussetzung dafür, konstruktiv mit ihr umzugehen und sie schließlich aufzulösen. Wut kann so deine Bewusstheit anwachsen lassen. Wie ein Alarmsignal sagt sie dir: »Erspüre deine Gefühle jetzt bewusst. Nimm sie an, aber lass nicht zu, dass sie dich besetzen oder mitreißen.«

Außerdem kann die Wut dir helfen, dich von dem Menschen, der dich verletzt hat, zu distanzieren. Der christliche Pater Anselm Grün sagt: »Solange das Messer, das dich verletzt hat, noch in dir steckt, kannst du nicht vergeben.«[8] Die Wut ist die Energie, mit der du das Messer aus dir herausziehst und dich vor weiteren Angriffen schützt. Weise den anderen in seine Grenzen! Das bedeutet nicht, dass du deinerseits versuchst, ihn zu verletzen oder Rache zu nehmen. Es bedeutet einfach, dass du noch schlimmeren Schaden verhinderst.

Achte dabei sorgfältig darauf, dass deine Reaktion wirklich nur dem eigenen Schutz dient. Wut verengt die Wahrnehmung. Wütende sehen nicht klar, daher die Redensart, jemand sei »blind vor Wut«. Die Gefahr, dass Wut destruktiv wirkt, ist deswegen groß. Leicht können neue Verletzungen entstehen. Übe dich darin, die Wut nicht mit Gedanken anzufachen. Lass dich nicht auf beurteilende oder schuldzuweisende Gedanken ein, denn sie verstärken die negativen Emotionen.

Wut trübt und verengt Wahrnehmung.

Mit Verletzungen arbeiten

Um in gefühlsgeladenen Situationen gut mit Schmerz und Wut umgehen zu können, ist es wichtig, sich die hilfreichen Maßnahmen einzuprägen. Folgendermaßen kannst du vorgehen:

8 Anselm Grün: 50 Engel für das Jahr. Ein Inspirationsbuch. Freiburg: Herder Spektrum 1997

Im ersten Schritt wendest du dich deinen Emotionen zu, nimmst sie wahr und lässt sie sein. Dein wichtigstes Werkzeug ist dabei die Achtsamkeit. Achtsamkeit bedeutet, dass du dich der Gegenwart zuwendest, sie bewusst wahrnimmst, ohne etwas zurückzuweisen oder an etwas anzuhaften. Besonders hilfreich können dabei die körperlichen Empfindungen sein, die aus der psychischen Verletzung entstehen, zum Beispiel ein Kloß im Hals, Verspannungen oder Bauchschmerzen.

Wenn du deine Achtsamkeit auf die körperlichen Empfindungen oder direkt auf die Emotionen lenkst, spürst du den Schmerz, ohne dich gedanklich mit der Verletzung und dem »Verletzer« zu befassen.

Prüfe dabei immer wieder, ob sich durch die Hintertür vielleicht doch wieder Gedanken eingeschlichen haben, die Schmerz oder Wut nähren. Schau immer wieder nach, ob du bewertest, beurteilst, beschuldigst oder Rachegedanken schmiedest. Hinter diesen Gedanken steckt das Ego, und das Ego kann nicht vergeben. Es sucht nicht Verbindung, sondern Reibung. Es will sich profilieren und abgrenzen, statt zu verzeihen.

Wenn du die Achtsamkeit auf deine Gefühle richtest, führen sie dich wie eine Wünschelrute zu deinen Bedürfnissen (siehe auch Kapitel »Selbstvertrauen statt Selbstzweifel«). Hinter unangenehmen Gefühlen stecken immer ungestillte Bedürfnisse. Indem du den Gefühlen ermöglichst, dich zu deinen Bedürfnissen zu führen, verlieren die Gefühle an Kraft. Sie verschwinden nicht sofort, aber sie halten dich nicht mehr besetzt und treiben dich nicht mehr in blinden Aktionismus.

Ein Beispiel aus dem Alltag: Nimm an, du bekommst eine Mail, in der jemand heftige Kritik an dir äußert, vielleicht stammt sie von deinem Chef, einer Kollegin oder einem Freund. Diese Kritik geht dir sehr zu Herzen. Du fühlst dich angegriffen und ungerecht behandelt.

Dein erster Impuls ist jetzt möglicherweise, sofort auf den Antwortbutton zu klicken und die Anschuldigungen zurückzuweisen. Du willst die Sache so schnell wie möglich aus der Welt schaffen. Es darf nicht sein, dass dich jemand so angreift. Den Schmerz, den dir der oder die andere zugefügt hat, willst du nicht länger spüren.

Vielleicht gibst du dir Mühe, in deiner Antwort einen sachlichen Ton anzuschlagen, aber zwischen den Zeilen sind deine Verletzung und deine Wut spürbar. Du tust gut daran, diese Mail nicht abzuschicken. Deine Verletzung würde sich so nicht auflösen, und den Konflikt verschärfst du damit wahrscheinlich nur. Du würdest also gegen dein eigenes Bedürfnis nach Verständigung und Verständnis, nach Akzeptanz und Respekt handeln.

Halte an dieser Stelle stattdessen inne und spüre, was die Mail in dir ausgelöst hat. Wende dich deiner Betroffenheit und Wut zu. Du kannst jetzt bewusst erleben, wie etwas in dir zu einer Reaktion drängt. Und du kannst erspüren, was du dir in dieser Situation *eigentlich* wünschst. Sobald du mit deinen Bedürfnissen in Kontakt kommst und du dir dabei mit Mitgefühl begegnest, werden deine Verletzung und dein

Ärger an Macht verlieren. Die Antwortmail kannst du jetzt auf den nächsten Tag verschieben, denn dann wird deine Wahrnehmung wieder klarer sein. Du kannst auch einen Freund oder eine Kollegin bitten, deine Antwort zu lesen und einzuschätzen, ob du einen sachlichen und freundlichen Ton getroffen hast.

Ich selbst war vor einiger Zeit in solch einer Situation. Ich hatte einen sehr verletzenden Brief erhalten und wollte in meiner Betroffenheit noch am selben Abend antworten. Zum Glück riet mir jemand, erst einmal eine Nacht abzuwarten, bevor ich den Brief abschickte. Am nächsten Tag verfügte ich schon über mehr Besonnenheit und schrieb den Brief neu. Aber wieder wurde mir geraten, mit dem Abschicken noch zu warten. So ging es drei Tage. Am Schluss war mein Ärger in den Hintergrund getreten. Im Vordergrund stand der Wunsch nach Klärung.

Versuche, Bedürfnisse zu erkennen, ohne auf ihnen zu bestehen.

Gefühle und Bedürfnisse zu erkennen ist ein erster wichtiger Schritt. Nicht darauf zu bestehen, dass die Bedürfnisse erfüllt werden, ist ein zweiter. Wenn du auf Erfüllung von Bedürfnissen drängst, die sich gerade nicht erfüllen lassen, erzeugst du noch mehr Dukkha. Du kannst lernen, auf die Erfüllung von Bedürfnissen zu verzichten, indem du das Wesen von Gefühlen und Bedürfnissen durchschauen lernst: Sie sind bedingt entstandene, sich verändernde Energiewolken ohne festen Kern. Eine bestimmte Zeit gehören sie zu dir, doch du bist viel mehr als diese Gefühle.

Sich dem anderen zuwenden

Auch der Mensch dir gegenüber erlebt Gefühle und Bedürfnisse, die ihn besetzen und zu falschen Verhaltensweisen verleiten können – die Folge sind deine Verletzungen. Wie du möchte auch der andere nicht auf sein fehlgeleitetes Verhalten reduziert werden. Wenn du diese Zusammenhänge durchschaust, fällt es dir leichter, deine Reaktionen nicht von negativen Gefühlen bestimmen zu lassen, sondern von Verständnis. Vielleicht bedauerst und betrauerst du noch eine Zeit lang, was geschehen ist, aber du wirst den anderen immer weniger beschuldigen. Aggression wird langsam in den Hintergrund treten.

Reduziere Menschen nicht auf ihr Verhalten.

Im Fall des Briefes, den ich bekommen hatte, war es recht einfach festzustellen, welche Bedürfnisse mein Gegenüber zu seinem Verhalten veranlasst hatten. Er hatte sich gewünscht, Zuwendung und Wertschätzung von mir zu bekommen, und war enttäuscht, als ich mich anders verhielt als erhofft.

Dem Verständnis eine Chance zu geben wird dir nicht immer leichtfallen. Viele und schnell wechselnde Gedanken können es dir erschweren. Diese Gedanken wurzeln in deiner Lebensgeschichte, in alten Mustern des Denkens und Empfindens und in altem Schmerz. Wenn sie aufkommen, ist es hilfreich, innezuhalten und dir deinen Atem bewusst zu machen, um die Gedanken zu beruhigen. Du kennst den Ausdruck: »Erst mal tief durchatmen.« Wenn du die Achtsamkeit auf den Atem richtest, kannst du nicht gleichzeitig denken. Du kommst zur Ruhe und musst nicht mehr sofort reagieren. Wenn du ruhiger und klarer geworden bist, kannst du erneut versuchen, die Bedürfnisse des anderen zu erkennen.

Wer so praktiziert, erreicht eine neue Ebene, auf der nicht Trennung, sondern Verbindung im Vordergrund steht. Du kannst die Situation jetzt mit anderen Augen sehen: Da haben sich zwei Menschen Anerkennung gewünscht – und herausgekommen ist ein Bruch. Jetzt wird es dir leichtfallen, mit Mitgefühl zu reagieren.

Mit Naikan die Perspektive verändern

Sehr hilfreich kann bei diesem Prozess die japanische Praxis des Naikan sein. *Nai* bedeutet »Inneres«, *Kan* »Beobachten«. Diese Methode der Selbstergründung weitet die Wahrnehmung und ermöglicht einen neuen Blick auf dich selbst und dein Leben.[9]

Naikan ist im Prinzip eine sehr einfache Übung: Du nimmst dir vor, dich mit einer bestimmten Person zu befassen, und stellst dir in Zusammenhang mit dieser Person drei Fragen, bezogen auf einen bestimmten Zeitraum deines Lebens. Danach nimmst du dir den nächsten Lebensabschnitt vor und so weiter. Du kannst zum Beispiel Intervalle von jeweils fünf Jahren wählen. Die drei Fragen lauten:

9 Eine gute und ausführliche Einführung in Theorie und Praxis des Naikan geben Claudia Müller-Ebeling und Gerald Steinke: Naikan. Versöhnung mit sich selbst. J. Kamphausen Verlag und Distribution GmbH 2003. Mehr Informationen auch unter www.naikan.de

1. Was hat diese Person Gutes für mich getan?
2. Was habe ich dieser Person Gutes getan?
3. Welche Schwierigkeiten habe ich dieser Person bereitet?

Du möchtest wahrscheinlich gerne eine vierte Frage stellen: »Welche Schwierigkeiten hat die Person mir bereitetet?« Aber diese Frage kommt bei Naikan nicht vor.

Vielleicht möchtest du dich mit deiner Mutter beschäftigen, um mehr Klarheit zu gewinnen. In diesem Fall würdest du mit der Frage beginnen: »Was hat meine Mutter in den ersten fünf Jahren Gutes für mich getan?« Du stellst fest: Sie hat meine Windeln gewechselt, mir Nahrung gegeben, mich in den Kindergarten gebracht, mit mir gespielt und so weiter. Beschäftige dich für eine vorher festgelegte Zeitspanne mit dieser ersten Frage, dann stelle die nächste.

Naikan bringt dich in Kontakt mit deinen Gefühlen, lässt aber nicht zu, dass du dich darin verlierst, weil du immer weiter gehst. Zugleich hilft es dir, die positiven Aspekte einer Beziehung wahrzunehmen, wenn du in negativen Emotionen festhängst. Verletzende Situationen kannst du so auch aus dem Blickwinkel deines Gegenübers sehen.

Diese Methode lässt sich deiner jeweiligen Situation anpassen. Wenn du gerade eine schwierige Phase in deiner Beziehung durchlebst, kannst du zum Beispiel deinen Partner oder deine Partnerin in den Mittelpunkt stellen und den Zeitraum verkürzen: »Was hat mein Partner / meine Partnerin in den letzten vier Wochen Gutes für mich getan?«, »Was habe ich ihm oder ihr Gutes getan?«, »Welche Schwierigkeiten habe ich ihm oder ihr bereitet?«

Die Naikan-Fragen werden dich dabei unterstützen, deinen eigenen Anteil an den Schwierigkeiten zu erkennen. Das Ziel ist dabei natürlich nicht, dich selbst zu beschuldigen. Es geht darum, besser zu verstehen, wie bestimmte Bedingungen zu Schwierigkeiten führen können.

Naikan hilft dir so, dich aus der Opferrolle zu befreien, die dich in Schwäche und Passivität festhält. Verletzende Situationen nimmst du immer weniger persönlich. Du erkennst, dass der andere mit seinen Anwürfen gar nicht dich als Person gemeint hat – er hat lediglich aus seiner eigenen Unvollkommenheit und Unzufriedenheit heraus agiert. Flappsig formuliert: »Du hast es einfach gerade abbekommen.« Hinter der Schroffheit und den Vorwürfen kannst du nun vielleicht den Hilferuf hören, die fast unkenntliche Bitte um Zuwendung und Schutz.

Dukkha gehört zum Leben

Je intensiver du Konfliktsituationen beobachtest, desto besser kannst du erkennen, dass Dukkha zwangsläufig zum Leben gehört. Es ist normal, dass Verletzungen geschehen, wenn unvollkommene Menschen aufeinandertreffen. Weder Eltern noch Partner, noch Kollegen oder Freunde agieren aus einer vollkommenen Haltung heraus.

Es ist leider auch nichts Ungewöhnliches, dass Beziehungen aufgelöst werden und Menschen auseinandergehen, während sie sich gleichzeitig nach Dauerhaftigkeit und Geborgenheit sehnen. Diese Erkenntnis entzieht dem Schmerz seine Kraft, denn sie verdankt sich auch dem Glauben, dass wir ein einzigartiges, höchst persönliches Drama durchleben.

Stattdessen erkennst du nun, was wir als Menschen gemein haben: Unsere Wahrnehmung ist geprägt von unseren Lebensgeschichten, unseren Erfahrungen und Wünschen. Unsere vergangenen Beziehungen beeinflussen die Wahrnehmung unserer gegenwärtigen Beziehungen. Jemand anderes erlebt scheinbar das Gleiche wie du, empfindet es aber ganz anders. Er oder sie wird darüber eine ganz andere Geschichte erzählen als du. Keine der Geschichten ist ein objektives Abbild der Realität.

Dieses Wissen kann dir sehr helfen, lässt aber möglicherweise die Versuchung entstehen, in rationale Erklärungen zu flüchten. Es ist sehr wichtig, dass du dich nicht von deinen Gefühlen abkoppelst – damit wäre nichts gewonnen. Entscheidend ist, dass du dich weiterhin spürst.

Um Verzeihung bitten

Wenn du jemanden um Verzeihung bitten möchtest, gilt das Gleiche: Achte auf deine Gefühle. Gestehe dir deine Gefühle ein und fühle sie. Mache dir auch deine persönlichen Bedingungen bewusst, die zu deiner verletzenden Handlung geführt haben. Teile beides dem anderen Menschen ehrlich mit und bitte um Verzeihung.

Tue dies wenn möglich aus einem Gefühl wirklichen Bedauerns heraus. Wenn du die Bitte, dir zu verzeihen, nur mit dem Verstand formulierst, wird sie kraftlos bleiben. Wichtig ist auch, den richtigen Zeitpunkt zu wählen, damit der andere Mensch offen ist, deine Bitte zu hören. Es kann sein, dass du mehrmals zu ihm gehen und deine Bitte wiederholen musst, bis er bereit ist, sie zu akzeptieren.

Sich selbst verzeihen

Immer wieder kommt es vor, dass du dir selbst Schaden zufügst. Aus Unverständnis gehst du nicht fürsorglich mit deinem Körper oder deinem Geist um, verbaust dir Chancen oder überforderst dich. Dir dann selbst zu verzeihen ist eine besonders schwierige Aufgabe, denn uns selbst gegenüber sind wir oft besonders hartherzig und streng.

Selbstvergebung erwächst aus Verständnis.

Auch Selbstvergebung beginnt damit, sich die problematische Situation möglichst genau zu vergegenwärtigen und sich den damit verbundenen Gefühlen bewusst zuzuwenden.

Im nächsten Schritt versuchst du, das Bedürfnis zu erkennen, das zu deinem Verhalten geführt hat. Hinter jedem verletzenden Verhalten steht ein Bedürfnis. Meist ist es nicht sofort erkennbar. Welches Bedürfnis hast du dir also befriedigen wollen?

Im zweiten Schritt kannst du dich dann fragen, worin die Verletzung genau besteht. Warum fühlst du dich verletzt? Du wirst feststellen: Auch hinter dem Gefühl der Verletzung steht ein unbefriedigtes Bedürfnis.

Ein Beispiel: Stell dir vor, du hast dir in deinem Beruf zu viel Arbeit aufgeladen und bist deswegen völlig überlastet. Du arbeitest Tag und Nacht, um die Abgabetermine einzuhalten, schläfst zu wenig und kommst nicht mehr zum Meditieren. Und das alles, weil du selbst zugesagt hast, die anstehenden Aufgaben in einem bestimmten Zeitraum zu erledigen.

Welches Bedürfnis hat dazu geführt, dass du dir die Arbeit aufgeladen hast? Vielleicht war es das Bedürfnis, gut da zu stehen, gelobt zu werden und als verlässlicher Mitarbeiter zu gelten. Du hast dich nach Anerkennung gesehnt. Vielleicht hattest du aber auch Angst, nicht genug Leistung zu bringen und deswegen irgendwann deinen Job zu verlieren. In diesem Fall hat dich wahrscheinlich dein Bedürfnis nach Sicherheit geleitet.

Du kannst jetzt erkennen: Indem du versucht hast, dir ein Bedürfnis zu erfüllen, hast du ein anderes missachtet, nämlich das nach Ruhe, Ausgeglichenheit und körperlichem Wohlbefinden.

Ein anderes Beispiel: Du hast am Abend zu viel Alkohol getrunken und erwachst mit einem Kater. Vielleicht hast du im Rausch Dinge gesagt oder getan, die dir jetzt leid tun. »Wie konnte ich nur …?«, fragst du dich vorwurfsvoll.

Statt dir Vorwürfe zu machen, kannst du dich fragen, welches Bedürfnis dich dazu gebracht hat, zu viel zu trinken? Vielleicht war es das Bedürfnis nach Entspannung, nach Freude oder nach Verbindung mit den Menschen, mit denen du an diesem Abend zusammen warst. Verletzt hast du dein Bedürfnis, bewusst und achtsam zu handeln und am Morgen ausgeruht und klar zu erwachen – statt verkatert und mit einem schlechten Gewissen. Auch in diesem Fall wirst du feststellen: Um dir ein Bedürfnis zu befriedigen, hast du ein anderes verletzt und damit Dukkha verstärkt statt gelindert.

Wenn du deine Bedürfnisse erkennst, kannst du besser verstehen, warum du dich selbst in Schwierigkeiten gebracht hast. Du siehst: Ich habe einen ungeeigneten Weg gewählt. Daraus erwächst nun aber kein Vorwurf, sondern Trauer. Du lässt Selbstvorwürfe hinter dir und kannst mit dem, was du getan hast, abschließen. Aus Verständnis erwachsen Selbstvergebung und Loslösung.

Indem du dich und andere bewusst erlebst, wird deine Liebesfähigkeit immer größer. Du wächst über dich selbst hinaus – über den Menschen, der abhängig ist von seinen Gedanken, Gefühlen und Reaktionsmustern. Du befreist dich aus der Abhängigkeit von altem Schmerz und von Verletzungen und belässt sie in der Vergangenheit.

Geduld üben

Ein Schüler kommt zu seinem Lehrer und sagt: »Ich will die Erleuchtung erreichen. Wie lange dauert das?«

»10 Jahre«, sagt der Lehrer.

»Das ist mir zu lange«, antwortet der Schüler. »Wie lange dauert es, wenn ich mich richtig anstrenge?«

»20 Jahre«, sagt der Lehrer.

Der Schüler will das nicht hinnehmen. »Wie kann das sein? Du sagst, es dauert 10 Jahre, und wenn ich mich richtig ins Zeug lege, dann brauche ich doppelt so lange?«

»Es tut mir leid«, sagt der Lehrer, »aber in deinem Fall wird es 30 Jahre dauern.«

Jede Entwicklung braucht ihre Zeit. Spirituelle Entwicklung gleicht einer Pflanze, die sich in ihrem eigenen Tempo aus einem Samen entwickelt, wenn die notwendigen Bedingungen zusammenkommen. Es hat ganz offenkundig keinen Sinn, eine Pflanze zu drängen, schneller zu wachsen. Du wirst nicht an ihr zupfen, damit sie schneller aus der Erde kommt, und du wirst auch nicht versuchen, die Blütenblätter einer Blume auseinanderzurollen, bevor sie es von selbst tut. Stattdessen wirst du dich bemühen, der Pflanze die Bedingungen zu bieten, die sie braucht: Erde, Wasser, Sonne und die richtige Temperatur, vielleicht auch ein bisschen Dünger.

Leider vergessen wir immer wieder, dass sich Entwicklungen nicht erzwingen lassen. Es geht uns oft nicht schnell genug voran und wir suchen nach Möglichkeiten, Prozesse zu beschleunigen. Wir hätten gerne *jetzt* ein tiefes Meditationserlebnis oder innere Ruhe und Klarheit.

Hinter Ungeduld verbirgt sich Widerstand gegen den Moment, den wir gerade erleben. Wie immer, wenn wir uns im Widerstand befinden, verhindern wir damit die Entwicklung, die wir uns wünschen. Ungeduld bindet uns so an die geistigen Zustände, die uns Schwierigkeiten bereiten, und verhindert, dass wir uns auf sinnvolle Weise im Umgang mit unseren Kraftquellen üben.

Entwickeln können wir uns nur, wenn wir auch unsere spirituelle Entwicklung so annehmen, wie sie nun einmal abläuft – mit allen Höhen, Tiefen, Rückschlägen und Durststrecken. Deswegen legte der Buddha in seiner Lehre großen Wert auf die Geduld.

Wir haben jeden Tag viele Möglichkeiten, Geduld zu üben, denn Geduld ist in der Meditation ebenso gefragt wie in unseren menschlichen Beziehungen, am Arbeitsplatz und im Straßenverkehr. All diese Situationen können bekanntlich Bestandteil unserer spirituellen Praxis sein, wenn wir sie nutzen, um zu üben.

Ungeduld ist die Regel

Das Pali-Wort für Geduld lautet *khanti*. Es wird auch mit »Nachsicht« übersetzt. Das deutsche Wort Geduld stammt aus dem Althochdeutschen. Seine Wurzel ist »dulten«, was so viel bedeutet wie »tragen« und »ertragen«. Diese Wörter klingen für die meisten Menschen eher unangenehm.

Alles im Griff haben, und zwar schnell – das ist die Maxime unserer Gesellschaft. Wir lassen uns Waren binnen 24 Stunden ins Haus liefern, und das Geld, das wir dafür benötigen, besorgen wir uns zur Not als Sofortkredit.

Auch wenn es um komplexe Herausforderungen wie die Lösung einer Beziehungskrise oder die Heilung einer Krankheit geht, soll alles so schnell wie möglich gehen. Dabei gehen wir davon aus, dass eine schnelle Lösung auch möglich ist. Diese Vorstellung von »Machbarkeit« ist häufig eine Illusion. Doch oft wollen wir uns einfach nicht einschränken. Wir akzeptieren nicht, dass manches Zeit braucht und nur in Ruhe wachsen kann. Also versuchen wir, Entwicklung unserem Zeitplan unterzuordnen, statt den Zeitplan den Gesetzen der Entwicklung.

Oft versuchen wir Entwicklung unserem Zeitplan unterzuordnen, statt den Zeitplan der Entwicklung.

Menschen, denen es schwerfällt, sich einzuschränken, sind meist auch nicht bereit, sich im Erdulden unangenehmer Gefühle zu üben. Doch nicht immer im Leben lassen sich Schmerzen vermeiden. In entsprechenden Situationen geraten diese Menschen dann schnell in Angst und reagieren hilflos.

Den unrealistischen Wunsch, alles schnell in den Griff zu bekommen, tragen wir auch in unsere spirituelle Praxis. Nicht selten begegne ich Meditierenden, die innerhalb einer Meditationssitzung mehrfach die Methode wechseln. Wenn Ruhe sich nicht sofort entfalten will, bringen sie keine Geduld auf zu üben, sondern probieren einfach einen anderen Weg. Manche Menschen wechseln sogar häufig die spirituelle Ausrichtung, weil sich nicht schnell genug »Erfolge« einstellen. In einer Zeitschrift las ich neulich von einem Kurs mit dem Titel »Schneller meditieren«. Und es gibt tatsächlich ein Buch mit dem vielversprechenden Titel *Zum Buddha werden in fünf Wochen*![10] Da fehlt nur noch die Geld-zurück-Garantie.

Wie zufrieden bist du mit deiner spirituellen Entwicklung? Hast du insgeheim einen Plan? Und bist du auch in der Lage, schwierige Passagen des spirituellen Weges geduldig ertragen?

Ungeduld bedeutet Dukkha

Ungeduld kennt jeder. Stell dir vor, du willst an einem schönen Tag zu einem See aufbrechen und suchst vorher noch deine Sachen zusammen. Es ist der erste schöne Sommertag des Jahres, und du kannst es kaum erwarten. Aber natürlich findest du deine Badesachen und das Strandlaken nicht auf Anhieb, und du hast keine Ahnung, in welcher Kiste im Keller das Federballspiel vergraben ist. Ungeduldig fängst

10 Giulio Cesare Giacobbe: Zum Buddha werden in fünf Wochen. Müchen: Wilhelm Goldmann Verlag 2007

du an, Schränke, Schubladen und Kartons zu durchwühlen, suchst mal hier, mal da und ärgerst dich zugleich abwechselnd über die verlorene Zeit und deine Unordnung. Vielleicht beschuldigst du jemanden aus deiner Familie, etwas weggenommen zu haben – um es kurz darauf genau dort zu finden, wo du gerade schon gesucht hast. Und am Ende setzt du dreimal an, um dir die Schuhe mit einer festen Schleife zuzubinden, weil du in Gedanken schon unterwegs bist. Mit anderen Worten: Du brauchst deutlich länger für den Aufbruch, als wenn du dir Zeit gelassen hättest. Deine Ungeduld prägt deine Wahrnehmung und beeinflusst, was du erlebst.

Umgekehrt hast du sicher auch schon oft mit ungeduldigen Menschen zu tun gehabt. Du kennst Vorgesetzte und Kollegen, denen nie etwas schnell genug gehen kann. Du spürst in ihrer Gegenwart Unruhe, Druck, Unfreundlichkeit. Ständig unterbrechen sie dich. Ihre Ungeduld verunsichert dich und deine Kollegen und bringt die Dinge nicht voran, sondern ins Stocken. Kurz: Ungeduld fühlt sich nicht gut an, und sie führt leicht zu Schwierigkeiten.

Das gilt auch für Ungeduld mit deinem spirituellen Wachstum. Wenn du dich gegen die Phase der Entwicklung auflehnst, in der du dich gerade befindest, wird Dukkha anwachsen. Wenn du stattdessen geduldig akzeptierst, was du auf deinem Entwicklungsweg erlebst, und auch die Ungeduld annimmst, schaffst du dir gute Bedingungen.

Geduld ist eine aktive Haltung

Hinter der Ungeduld steckt das Ego, denn sie basiert auf Verlangen und Widerstand. Geduld hingegen basiert auf Akzeptanz und Güte. Ungeduld lässt dich glauben, man könne etwas oder sich selbst sofort verändern, Geduld lässt Zeit und gibt den Raum, den Entwicklung braucht. Und während Ungeduld Enge und Kleinlichkeit hervorbringt, besteht das Wesen der Geduld in Weite, Weitblick, Ruhe und Herzensgröße.

Hinter der Ungeduld steckt das Ego, hinter der Geduld die Güte.

Natürlich setzt sich auch ein geduldiger Mensch Ziele und macht Pläne, um sie zu erreichen. Ein geduldiger Mensch weiß aber gleichzeitig, dass die Umstände sich fortwährend verändern und man manchmal auch einfach die Voraussetzungen eines Plans falsch einschätzt. So kann er akzeptieren, wenn der Plan nicht aufgeht.

Geduld bedeutet, sich immer wieder neuen Situationen anzupassen – auch wenn etwas ganz anders läuft als erwartet. Dieses flexible Einverständnis ist nur mit einem gewissen Maß an Demut möglich. Das bedeutet nicht, sich zu erniedrigen. Demut ist vielmehr ein Ausdruck von Würde bei gleichzeitiger Anerkennung eigener Grenzen. Du gehst selbstbewusst durch die Welt, nimmst dich dabei aber nicht übermäßig wichtig. In der Demut kannst du lernen, dass es auch noch andere Möglichkeiten gibt, mit Verlangen umzugehen, als es zu befriedigen. Eine Haltung der Demut macht dich also nicht schwach sondern stark.

Einmal erzählte der Buddha folgende Geschichte[11]:

Einst siegte ein großer König über einen anderen. Der Besiegte wurde gefesselt vor eine Versammlung geführt, wo er seinen Bezwinger wild beschimpfte. Der aber blieb ruhig und antwortete nicht.

Später fragte ihn sein General: »Warum hast du dem besiegten König nicht gezeigt, wer der Herr ist? Hast du immer noch Furcht vor ihm, oder bist du zu schwach, um dich zu wehren?«

Der König antwortete: »Ich dulde seine Worte weder aus Furcht noch aus Schwäche. Weshalb soll ich mich mit diesem Narren auseinandersetzen?«

Der General antwortete: »Die Narren werden immer frecher, wenn man ihnen nicht entgegentritt. Darum soll der, der die Macht hat, kraftvoll auftreten und sie mit harten Strafen in die Schranken weisen.«

Der König entgegnete: »Nach meiner Auffassung ist es besser, wenn man angesichts von Narren besonnen und ruhig bleibt.«

»Genau das betrachte ich als Fehler«, erwiderte der General. »Der Narr denkt dann doch nur, man sage nichts, weil man sich vor ihm fürchtet. So wird er noch dreister werden, wie ein Hund, der den beißt, der davonläuft.«

Der König sprach: »Ein Narr mag denken, was er

11 Die Lehrrede wird hier vereinfacht wiedergegeben. Das Original, die Vepacitti-Sutta, findet sich in der Gruppierten Sammlung, 11,4.

will. Es gibt in Wahrheit nichts Schwierigeres als die Geduld, die großen Segen bringt. Wenn einer, der stark ist, die Narreteien der Schwachen ertragen kann, so ist das die höchste Form der Geduld.

Normalerweise muss der Schwächere die Gewalt ertragen. In Wirklichkeit aber ist die Stärke, die aus der Gewalt herrührt, die Schwäche. Wenn einer voll Zorn ist und aus Zorn reagiert, wird für ihn alles nur noch schlimmer. Wer aber nicht mit Zorn reagiert, der siegt wirklich. Er wirkt zum Segen aller Beteiligten. Solch einen halten nur die für einen Schwächling, die die wahren Gesetze des Lebens nicht kennen.«

Dann wandte sich der Buddha an die Mönche und fügte hinzu: »In unserem Orden werdet ihr Fortschritte machen, wenn ihr euch auf die gleiche Weise in Geduld und Güte übt.«

Geduldig zu sein bedeutet also nicht, etwas passiv zu erleiden. Geduld ist vielmehr ein aktives Abwarten und Aushalten, bis eine Lösung möglich wird. Geduld gibt nicht auf und sie verhindert, dass wir uns vorschnell in Scheinlösungen stürzen. Letztlich ist der Geduldige der Stärkere.

Der Buddha weist in der Lehrrede ausdrücklich darauf hin, dass Geduld sich üben lässt. Du kannst es dir so vorstellen wie das Training eines Muskels: Je häufiger du übst, desto belastbarer wird die Geduld.

Geduld mit sich selbst üben

Besonders wichtig ist es, Geduld mit sich selbst zu üben. Sie ist eine wichtige Grundlage für die spirituelle Praxis und ermöglicht zudem Geduld mit anderen.

Geduldig mit sich umzugehen gleicht in gewisser Hinsicht der Erziehung eines Kindes. Der christliche Geistliche Franz von Sales hat gesagt: »Bei Kindern braucht man ein Gläschen voll Weisheit, ein Fass voll Klugheit und ein Meer voll Geduld.«

Auch Kinder wollen sich entwickeln, und auch sie lernen nicht alles an einem Tag. Wie ein ungeschulter Geist wenden sich Kinder allem zu, was sie gerade interessant finden. Was ihnen gefällt, wollen sie haben und nicht mehr hergeben. Das kann für die Eltern oder Erzieher sehr anstrengend sein.

Trotzdem wenden wir uns dem Kind immer wieder liebevoll zu. Immer wieder bewahren wir es davor, auf die Straße zu laufen, bis es selbst weiß, dass es am Bordstein stehen bleiben und nach links und rechts schauen muss, bis es die Straße überqueren kann. Immer wieder erklären wir ihm, dass es nicht alles haben kann, was es gerne hätte. In der spirituellen Praxis kannst du üben, genauso geduldig mit dir selbst umzugehen.

Geduld zu üben bedeutet, mit der Ungeduld zu praktizieren.

Geduld mit sich selbst zu üben bedeutet dabei zunächst, mit der Ungeduld zu praktizieren. Dabei kannst du wieder auf die Formel zurückgreifen, die im Umgang mit allen negativen Gefühlen hilfreich ist:

Erkennen – annehmen – Raum geben

Beim *Erkennen* der Ungeduld können dir körperliche Anzeichen helfen. Du fühlst Anspannung im Körper, spürst Nervosität in dir aufsteigen oder du bemerkst, dass du mit dem Fuß wippst. Auch dein Geist ist unruhig, und es treten Gedanken auf, die Unruhe nähren: Du erwartest mehr von einer Situation oder anderen Menschen, als sie gerade bieten. Vielleicht fängst du an, andere unter Druck zu setzen oder anzutreiben. Ungeduld führt oft zu kleinlichem, unfreundlichem Verhalten.

Um Ungeduld zu erkennen, achte also sehr sorgsam auf deine Körpergefühle, deine Emotionen, die Gedanken in Bezug auf die jeweilige Situation und die Art, wie du mit anderen Menschen umgehst. Die Ungeduld zu *erkennen* bedeutet zugleich, die Chance zum Üben zu erkennen, die sich bietet, sobald du Ungeduld bewusst wahrnimmst.

Das *Annehmen* der Ungeduld fällt dir leichter, wenn du sie benennst (»Da ist Ungeduld«). Das schützt dich davor, dich von ihr besetzen zu lassen; du identifizierst dich nicht mehr so stark mit ihr. Die Ungeduld ist im besten Fall nur noch *etwas* in dir, dem du dich nicht beugen musst. Da sie dich nicht mehr so stark bedroht, kannst du der Ungeduld *Raum geben.*

So schaffst du die Voraussetzungen, sie genau zu betrachten und ihr Wesen zu verstehen. Spür, wie sie aufkommt, wie sie sich in deinem Körper verbreitet, vielleicht als Brennen oder als Druckgefühl.

Achte darauf, wie sich diese Gefühle verändern, wie sie zum Beispiel zunehmen oder abnehmen oder sich im Körper verlagern. Achte dann darauf, mit welchen Gedanken sie einhergehen. Auch sie kommen und vergehen. Je länger du übst, desto besser kannst du die Ungeduld wahrnehmen wie eine Energiewolke, durch die du hindurchgehst und die du hinter dir lassen kannst.

Immer wieder gehst du so vor, bis es dir zur Gewohnheit geworden ist. Anlässe gibt es zuhauf: an der Bushaltestelle, in der Schlange an der Supermarktkasse oder in deiner Beziehung, wenn dein Partner sich anders verhält, als du es gerne hättest.

Eine sehr gute Gelegenheit, Geduld zu üben, bietet der Straßenverkehr. Wie oft geht es uns nicht schnell genug voran! Bei manchen Menschen bricht sich die Ungeduld in Form von Aggression Bahn. »Nun fahr doch«, schimpfen sie auf andere Verkehrsteilnehmer, nicht selten obwohl der Fahrer vor ihnen selbst auch keine Möglichkeit hat, weiterzufahren.

Wenn wir im Stau stehen oder nur langsam vorankommen, bietet uns das eine hervorragende Gelegenheit, Geduld zu üben. Wir können beobachten, wie die Ungeduld in uns aufsteigt und negative Gefühle erzeugt. Wir können sehen, dass sie keinerlei Nutzen hat, sondern einzig und allein Dukkha hervorbringt. Und wir können üben, nicht auf die mit der Ungeduld verbundenen Gefühle und Gedanken zu reagieren.

Auch Krankheiten bieten dir eine Gelegenheit, Geduld

zu üben. Heilung lässt sich nicht erzwingen. Wenn du aufstehst, bevor du wieder zu Kräften gekommen bist oder bevor eine Verletzung verheilt ist, wirst du möglicherweise stürzen oder dir auf andere Weise Schaden zufügen. Stattdessen gilt es, geduldig zu warten, bis Heilung von alleine geschieht oder die Medikamente wirken. Je mehr du Heilung vor ihrer Zeit herbeisehnst, desto mehr Dukkha erzeugst du. Geduld hingegen schenkt dir den Gleichmut, mit dem du den Prozess der Genesung ohne zusätzliches Leiden durchleben kannst.

Geduld üben in der Meditation

Geduld kannst du auch in der Meditation üben. In der Metta-Meditation lernst du, immer wieder von neuem geduldig dein Herz zu öffnen. In der Ruhemeditation übst du, immer wieder geduldig zum Atem zurückzukommen. Und in der Vipassana-Meditation lernst du, in einer bestimmten Abfolge geduldig deinen Körper und deine Gefühle zu erleben – ohne gedanklich vorauszueilen oder dich von Körpergefühlen und Emotionen besetzen zu lassen.

Jedes Abschweifen in der Meditation ist eine Möglichkeit, Geduld zu üben.

Jedes Abschweifen und Zurückkehren kannst du als eine Übungsmöglichkeit betrachten statt als Störung. Sobald du es bemerkst, kannst du reagieren, indem du dich sanft zum Meditationsobjekt zurückführst.

Dennoch wird immer wieder Ungeduld aufkommen. Vielleicht bist du in deiner Meditationspraxis auf ein bestimmtes Erlebnis aus. Trotz regelmäßiger Praxis will es sich nicht einstellen, du scheinst einfach nicht weiter zu kommen. Stattdessen erlebst du, wie ein Gedanke den anderen jagt. Die Ungeduld macht die Situation nun noch schwieriger. In diesen Momenten kommt es darauf an: Folgst du weiterhin den fordernden Gedanken oder wehrst dich gegen sie, werden sie dich fest im Griff behalten. Stattdessen gilt es nun bewusst wahrzunehmen, wie Spannung und Unruhe anwachsen. Du durchschaust, was passiert und erkennst deine Chance, damit zu üben. Du entscheidest dich, die Ungeduld anzunehmen, sie zu erspüren, und beharrlich zu warten, bis der nächste Entwicklungsschritt reif ist.

Auf diese Weise stärkst du gleichzeitig ein freundschaftliches Verhältnis zu dir selbst.

> »›Wenn du einen Freund willst, so zähme mich‹, sagte der Fuchs zum kleinen Prinzen.
> ›Was muss ich da tun?‹, fragte der kleine Prinz.
> ›Du musst sehr geduldig sein‹, antwortete der Fuchs. ›Du setzt dich zuerst ein wenig abseits von mir ins Gras. Ich werde dich so verstohlen, so aus dem Augenwinkel anschauen, und du wirst nichts sagen. Die Sprache ist die Quelle der Missverständnisse. Aber jeden Tag wirst du dich ein bisschen näher setzen können …‹«[12]

12 Antoine de Saint-Exupéry: Der kleine Prinz. Düsseldorf: Karl-Rauch-Verlag 1998

Geduld mit sich selbst zu haben bedeutet, liebevoll und behutsam mit sich umzugehen, statt sich unter Druck zu setzen. Es bedeutet zu agieren und gleichzeitig im Einklang mit dir abzuwarten. Es bedeutet auch, auf den richtigen Moment zu warten, in dem eine bestimmte heilsame Handlung möglich ist. Tu, was du kannst – und akzeptiere, wie die Dinge sich entwickeln.

Den Dingen und Menschen ihre Zeit lassen

Dein Kind gibt sich in der Schule keine Mühe? Dein Partner hat schon zigmal angekündigt, sich zu ändern, ohne dass hinterher etwas passiert wäre? In deiner buddhistischen Gemeinschaft gibt es Praktizierende, die nur an sich zu denken scheinen und sich rücksichtlos verhalten?

Um Geduld mit anderen zu üben, erinnere dich: Als Menschen sind wir unvollkommen, und wo wir als unvollkommene Wesen zueinander in Beziehung treten, entstehen Schwierigkeiten – das ist unvermeidlich. Auch die anderen wünschen sich Erfülltheit und versuchen, sich zu entwickeln. Wie du verfügen sie dabei über keine vollkommene Wahrnehmung von sich und dem, was sie tun. Wie du wählen sie nicht immer den richtigen Weg. Wie dir gelingt ihnen nicht alles, was sie sich vornehmen. Und auch ihre Entwicklung braucht ihre Zeit; auch sie können nichts erzwingen.

Sich dies bewusst zu machen erleichtert dir, mit anderen Menschen nachsichtig zu sein. Betrachte Schwierigkeiten also als Herausforderung, mit der Menschen zu tun haben und der wir am besten mit Liebe und Geduld begegnen. Denke auch daran, dass deine Wahrnehmung des anderen Menschen ebenfalls nicht perfekt ist. Wie viel deiner Ungeduld spiegelt sich in deinem Bild von ihm?

Bei Konflikten kann es vorkommen, dass dein Gegenüber die Kommunikation abbricht, den Rollladen runterlässt. Er oder sie hört nicht mehr zu oder lässt alles an sich abprallen. In solchen Momenten beginnen wir oft zu kämpfen, wollen die Öffnung erzwingen, eine Veränderung herbeiführen. Doch unser Gegenüber denkt überhaupt nicht daran, sich zu öffnen. Ungeduld verschärft in dieser Situation nur den Konflikt, denn sie erzeugt Druck – und auf Druck reagieren die meisten Menschen erst recht mit Abwehr.

Ungeduld erzeugt Druck und Druck erzeugt Abwehr.

Erinnere dich in solchen Momenten lieber an die Vergänglichkeit: Kein Rollladen bleibt für immer unten. Alles verändert sich fortwährend, aber eben nicht unbedingt so schnell, wie wir es gerne hätten.

Sicher, wir alle können ein Lied davon singen, wie schwierig es ist, den Dingen ihre Zeit zu lassen. Wir wollen, dass die Situation sich *jetzt* verändert, und spüren immer wieder diese unangenehme Spannung der Ungeduld. Dann gilt es, diese Spannung auszuhalten. Sofern möglich, baue keinen Widerstand auf, sondern versuche, selbst mit der Ungeduld geduldig umzugehen. Auch diese Übung braucht ihre Zeit. Du kannst darauf vertrauen, dass die Dinge reifen werden.

Immer wenn es dir gelingt, dir und anderen Zeit zu lassen, wirst du dich erleichtert fühlen. Hinzu kommt noch: Oft wissen wir im ersten Moment gar nicht, was unser Bestes ist. Erst im Nachhinein erkennen wir, was wir aus einer Situation, die wir geduldig durchgestanden haben, lernen konnten. Und manchmal müssen wir im Nachhinein erkennen, dass wir etwas zerstört haben, weil wir ungeduldig waren.

Geduld zu üben bedeutet, ein weites, großes Herz zu entwickeln. Auch den anderen Menschen trauen wir dann ein weites, großes Herz zu. Wir glauben an ihre Fähigkeit, sich zu entwickeln, an die Samen in ihnen, die unter den richtigen Bedingungen aufgehen können. Ein enges Herz hingegen traut anderen Menschen keine Entwicklung zu, sondern fällt lieber Urteile über sie.

Was du selbst ausstrahlst, kann in deinem Gegenüber in Resonanz gehen. Wenn du auf andere ungeduldig und ungnädig zugehst, werden sie genau so auf dich reagieren. Entsprechend wird deine Beziehung zu ihnen von Schwierigkeiten und Konflikten geprägt sein. Wenn du Weite und Großzügigkeit, deine innere Größe, zur Grundlage deines Handelns machst, dann werden viele andere auch aus ihrer Größe heraus antworten. Und deine heilsamen Handlungen werden sie an ihre heilsamen Wurzeln erinnern. Diese Wurzeln werden wachsen und immer kräftiger werden. Auch darauf kannst du geduldig vertrauen.

Was du selbst ausstrahlst, kann in deinem Gegenüber in Resonanz gehen.

Et kütt, wie et kütt

Sich selbst und andere beurteilen, gegen Unangenehmes ungeduldig ankämpfen – für viele Menschen sind dies tief verinnerlichte Gewohnheiten. Doch du hast die Wahl, andere Gewohnheiten einzuüben. In entsprechenden Situationen kannst du häufiger innehalten und ein paarmal durchatmen. Du kannst dir bewusst werden, dass in jeder Herausforderung eine Chance liegt zu wachsen. Und dir klar darüber werden, dass alles, was du jetzt tust, mitbestimmt, was du im nächsten Moment erlebst.

Irgendwann sitzt du dann vielleicht da wie die alten Leute früher in den Dörfern abends vor ihren Häusern. Du schaust auf das menschliche Leben, das so viele Schwierigkeiten hervorbringt, lässt dich davon aber nicht mehr aus der Bahn werfen. »Et kütt, wie et kütt«, sagt man auf Platt. Das bedeutet: Es kommt, wie es kommt – es ist, wie es ist.

Was du jetzt tust, bestimmt mit, was du im nächsten Moment erlebst.

Wenn du Geduld gelernt hast, bist du in Verbindung mit den Dingen. Du weißt, dass du über wesentliche Teile deines Lebens keine Kontrolle hast. Dir ist bewusst, dass für dich und andere alles leichter wird, wenn du geduldig akzeptierst und in Einklang kommst mit dem, was sich im Moment nicht verändern lässt. Et kütt, wie et kütt!

Das Spürbewusstsein entdecken

Bewusstsein ist das Werkzeug, das uns Erfahrungen ermöglicht. Die Art der Erfahrung hängt ab von der Art des Bewusstseins, welches aktiv ist. Der tibetische Meister Tarab Tulku und seine Schülerin Lene Handberg lehren, vor allem zwei Bewusstseinsarten zu unterscheiden: Verstandesbewusstsein und direktes Bewusstsein, das wir auch Spürbewusstsein nennen können.

Das Verstandesbewusstsein ist immer dann aktiv, wenn Gedanken, Worte und Begriffe auftauchen, wenn du über dein Leben nachdenkst, dich erinnerst, vergleichst und bewertest. Wir verbringen den allergrößten Teil unserer Zeit im Verstandesbewusstsein. Wir können darauf nicht verzichten, und oft leistet es uns gute Dienste. Zugleich aber baut das Verstandesbewusstsein immer eine gewisse Distanz auf – zu allem, was geschieht, und auch zu uns selbst. Wenn wir nur im Verstandesbewusstsein leben, verhindert dies deswegen unser Glück im Hier und Jetzt.

Im Spürbewusstsein geschieht direktes Erfühlen ohne Worte. Du lebst in Körpereinfühlung, spürst den Körper mit den Körpersinnen. Auch deine Gefühle nimmst du direkt wahr. Das Spürbewusstsein bringt dich in Fühlkontakt mit dir selbst und ermöglicht dir zu erkennen, wer du wirklich bist – nicht vermittelt durch den Verstand, sondern als direkte Erfahrung.

Die Unterscheidung zwischen Verstandesbewusstsein und fühlendem Bewusstsein ist in den bisherigen Kapiteln schon häufiger angeklungen, verdient aber eine eingehende Betrachtung. Zu deiner inneren Stärke kannst du nämlich nur finden, wenn du Zugang zum fühlenden Bewusstsein hast. Darin liegt der Schlüssel zu allen Kraftquellen und zur Auflösung von Schwierigkeiten.

Das Verstandesbewusstsein

Im Alltag machst du Pläne, triffst Verabredungen, denkst über Anschaffungen nach, kümmerst dich um materielle Absicherung. Das alles geschieht im Verstandesbewusstsein. Es nimmt Aufgaben und Probleme wahr und sucht nach Lösungen.

Es versucht zu kontrollieren, bewertet und verfolgt Ziele. Das Verstandesbewusstsein bezieht sich dabei meist auf vergangenes und zukünftiges Geschehen. Es schaut gewissermaßen von außen auf die Dinge anstatt sie, wie das Spürbewusstsein, direkt von innen zu erleben.

Dem Verstandesbewusstsein liegen deine Konditionierungen, also deine persönlichen Muster des Denkens und Empfindens zugrunde. Sie sind wie eine getönte Brille oder ein Farbfilter, durch den du auf die Welt und dein Leben schaust. Dabei teilst du die Welt mittels Sprache in bestimmte Phänomene auf, steckst sie in Schubladen und beurteilst sie.

Dahinter steht die Überzeugung, dass dein Glück nur woanders zu finden ist als hier und jetzt, nämlich in einer besseren Zukunft und einer anderen Lebenssituation. Diese Überzeugung entsteht, weil wir glauben, dass wir Erfüllung in den äußeren Umständen unseres Lebens finden müssen und können. Das Verstandesbewusstsein ist darum verbunden mit dem, wie manche Lehrer es nennen, Tun-Modus[13], also immer auf Handlungen ausgerichtet. Du musst etwas machen, um etwas zu erreichen.

Dabei nimmst du zwangsläufig immer nur Ausschnitte der Wirklichkeit wahr, die dein Verstand als wichtig einstuft, anderes bleibt dir verborgen. Jemand anderes würde andere Phänomene wahrnehmen und ihnen andere Namen geben. Dein Verstand schafft also deine ganz persönliche Wirklichkeit – und hält sie häufig für die ganze und einzige Wahrheit. Wenn du zum Beispiel in einer großen Stadt lebst, hast du vielleicht den Eindruck, dass sie laut und zu schmutzig ist. Du sagst: »Meine Heimatstadt ist sehr unangenehm und tut mir nicht gut. Ich sollte aufs Land ziehen.«

Das Verstandesbewusstsein nimmt immer nur Ausschnitte der Wirklichkeit wahr und hält sie für die ganze Wahrheit.

Eine andere Wahrnehmung würde dir ermöglichen, eine andere Realität der gleichen Stadt zu erleben. Andere Menschen ziehen in genau die gleiche Stadt, weil sie meinen, hier ihr Glück finden zu können. Mit dem Verstan-

13 Vergleiche Mark Williams, John Teasdale, Zindel Segal, Jon Kabat-Zinn: Der achtsame Weg durch die Depression. Freiamt im Schwarzwald: Arbor Verlag 2009

desbewusstsein nimmst du nie alles wahr. Durch deine Konditionierungen entsteht eine interpretierte Auswahl an Informationen. Zugleich baust du immer eine gewisse Distanz auf, solange du *auf* die Welt schaust und *über* die Dinge nachdenkst.

Auch zu dir selbst erzeugst du auf diese Weise Distanz. Du nimmst dich als Person wahr, die von anderen klar abgrenzbar ist. Du kennst deinen Beruf, deine Vorlieben und Abneigungen, deine Ängste und Sehnsüchte. Du bewertest dein Leben und dein Verhalten und hältst vieles für unverrückbar. Viele andere Aspekte deiner selbst entgehen dir dabei. Die Fülle des Seins und deine Entwicklungsmöglichkeiten kannst du nicht vollständig wahrnehmen. Im Verstandesbewusstsein brauchst du deswegen immer Bestätigung von außen.

Deine Größe kannst du nur fühlend erleben, nicht denkend.

Solange du nur indirekt wahrnimmst, bleibt immer ein Gefühl von Trennung. In der Folge erlebst du weiterhin Unvollkommenheit und Mangel und versuchst, dieses Problem mit den für dich typischen Strategien zu beheben. Kurz: Du landest immer wieder im Tun-Modus, der nie zu Erfüllung führen kann.

Bei all dem vergiss aber nicht: Das Verstandesbewusstsein ist nichts Falsches, wir kommen nicht ohne aus. Als Arzt kann ich zum Beispiel eine Operation nicht allein im fühlenden Bewusstsein durchführen. Ich brauche das Verstandesbewusstsein, um das Richtige zu tun.

Das Verstandesbewusstsein negativ zu bewerten wäre auch paradox, denn diese Wertung kann nur das Verstandesbewusstsein selbst vornehmen. Das fühlende Bewusstsein bewertet nicht. Es geht also nicht darum, das Verstandesbewusstsein einfach abzuschaffen, sondern darum, dem Erleben eine weitere – die entscheidende – Dimension hinzuzufügen.

Das Spürbewusstsein

Im Spürbewusstsein existiert keine Sprache, die alles sortiert und einschätzt. Es gibt infolgedessen auch kein Beurteilen und damit kein Richtig oder Falsch. Du bist einverstanden mit dem gegenwärtigen Moment. Du brauchst nichts und musst nicht ständig irgendein Ziel verfolgen. Spürbewusstsein vermittelt sich immer direkt über die körperlichen Empfindungen. Direktes Erspüren des Atems in der Meditation kann ein leichter Zugang sein.

Die Selbsteinfühlung ermöglicht ein tiefes Empfinden von Verbindung. Ganz von selbst öffnen sich »Kanäle« nach innen. Sie erschließen dir verborgene Ressourcen und ein Wissen, das sich ohne Worte vermittelt.

Es ist vergleichbar mit dem, was eine Mutter im Umgang mit ihrem Baby fühlt. Sie spürt die Verbindung zu ihrem Kind, ohne darüber nachzudenken oder sie zu benennen. Es wirkt eine Energie: Die Mutter weiß intuitiv, was dem Kind gut tut. Wenn es weint, muss sie meistens nicht darüber reflektieren, was ihm fehlt und wie sie Abhilfe schaffen könnte. Das wäre die Reaktion des Verstandesbewusstseins. Die Mutter nimmt ihr Kind ganz einfach in den Arm, wiegt und streichelt es.

Fühlend trittst du nicht nur in Verbindung zu dir selbst, sondern auch zur Außenwelt. Stell dir vor, du machst an einem wunderschönen Frühlingstag einen Waldspaziergang. Du kannst dabei natürlich mit deinem Verstandesbewusstsein auf den Wald schauen, sagen wir mit den Augen eines Waldarbeiters, einer Umweltschützerin oder eines Holzhändlers. Du wirst dann sehen, was in diesem Wald alles im Argen liegt, was dringend erledigt werden müsste oder welches Potenzial in dem Wald steckt. Du benennst die Bäume als Eichen, Buchen, Birken und Ahorn und katalogisierst die Vogelarten.

Stattdessen kannst du aber auch einfach mit einem offenen, liebevollen Herzen durch den Wald gehen. Dann hörst du das Rauschen der Blätter und das Zwitschern der Vögel, riechst den feuchten Waldboden, siehst das Sonnenlicht durch die Baumkronen scheinen, spürst die frische Luft um dich herum – ohne irgendetwas zu benennen oder zu beurteilen, ohne etwas deuten oder bedeutsam werden zu lassen. Du klammerst dich an nichts und baust keinen Widerstand auf, sondern spürst einfach nur. In diesem Moment ist deine Sehnsucht nach Verbindung gestillt. Angst, die immer aus dem Erleben von Trennung entsteht, löst sich auf.

Vielleicht hast du solche Momente schon einmal erlebt: Plötzlich warst du für einen Sekundenbruchteil zutiefst erfüllt und glücklich, in der Natur oder in Kontakt mit einem Menschen, den du liebst. In diesen Momenten hattest du das Verstandesbewusstsein verlassen und warst im Spürbewusstsein, erlebtest Verbindung ohne Worte.

Verwechsle das Spürbewusstsein aber nicht mit Sentimentalität. Es geht nicht darum, sich von Emotionen steuern oder besetzen zu lassen. Das würde die Schwierigkeiten in deinem Leben nur vergrößern. Im Spürbewusstsein passiert genau das Gegenteil: Du löst dich aus der Abhängigkeit von den Emotionen.

Der Fluss des Lebens

Der Unterschied zwischen dem Verstandesbewusstsein und dem fühlenden Bewusstsein lässt sich gut durch eine Kontemplation veranschaulichen: Werde dir zunächst deiner tieferen Wünsche und Bedürfnisse bewusst: nach Zugehörigkeit, Geborgenheit, Verbindung, Verschmelzen. Nun stell dir vor, du sitzt an einem Fluss. Du beobachtest, wie das Wasser vorbeifließt, und denkst über den Fluss nach. Du beschreibst und beurteilst die Strömung, die Strudel und die Wellen. Wäre dies ein erfüllender Moment?

Und nun versuch einmal, dich auf folgende Vorstellung einzulassen: Du steigst in den Fluss. Du spürst das Wasser, fließt mit, wirst eins mit dem Fluss. Du wirst zur Quelle und zum Regen, der den Fluss nährt, und zum großen Meer, in das er mündet. Könnte diese Auflösung von Trennung Erfüllung bedeuten?

Die richtige Mischung

Wie gesagt: Es geht nicht darum, das Verstandesbewusstsein auszuschalten. Es verdient aber nicht deine volle Aufmerksamkeit, nicht den vollständigen Raum des Bewusstseins.

Überlassen wir das Terrain allein dem Verstandesbewusstsein, schafft es Dukkha: Weil es ständig Probleme und Aufgaben in den Fokus nimmt, erstellt es ständig Mängellisten. So stellt sich das Gefühl ein, das Leben bestehe vor allem aus Schwierigkeiten – ein Problem nach dem anderen!

Das fühlende Bewusstsein erlebt die Schwierigkeiten ebenfalls, aber es macht kein Problem daraus. Es bleibt immer im direkten Spürkontakt und stellt keinen Bezug zur Zukunft oder zur Vergangenheit her. Gedanken und Emotionen, Wünsche und Enttäuschungen tauchen weiterhin im Bewusstsein auf, sind dort aber lediglich Erscheinungen, die entstehen und sich wieder auflösen. Du erfährst dich auf diese Weise im Fluss: Unangenehmes und Angenehmes im Wechsel. Es ist das fühlende Bewusstsein, das dir ermöglicht, eine Situation anzunehmen beziehungsweise sein zu lassen, wie sie nun einmal ist.

Das fühlende Bewusstsein erlebt Schwierigkeiten ebenfalls, macht aber kein Problem daraus.

Während das Verstandesbewusstsein die Welt mit Begriffen in voneinander getrennte Phänomene einteilt, lässt dich das Spürbewusstsein die Verbundenheit von allem wahrnehmen. Im Spürbewusstsein wird »ich gegen die anderen« zu »ich und die anderen«, aus »ihr und ich« wird »wir«.

Je geübter du bist, desto leichter wird es dir fallen, die beiden Arten des Bewusstseins zu verbinden. Du wirst dann weiterhin im Verstandesbewusstsein Probleme lösen, aber ohne in Widerstand zum jetzigen Moment zu gehen.

Je nach Situation wirst du die beiden Bewusstseinszustände verschieden gewichten. Wenn es um mehr Effizienz geht, wirst du das Verstandesbewusstsein führen lassen, geht es dir hingegen um mehr Fülle und Freude, wirst du dem Spürbewusstsein mehr Raum geben.

Mit etwas Übung wirst du immer leichter die richtige Mischung finden. Kommen wir noch einmal zurück auf unser Beispiel von Mutter und Kind: Wenn das Baby nicht aufhört zu schreien, ist wahrscheinlich doch das Verstandesbewusstsein gefragt. Die Mutter wird sich dann entscheiden, mit dem Kind zum Arzt zu gehen. Sie kann dabei aber weiterhin mit einem Teil ihrer Aufmerksamkeit im Spürbewusstsein bleiben. Solange du aber nur die Verstandesebene im Blick hast, kannst du die Dimension des Spürens nicht wahrnehmen. Es ist wie in dem berühmten Beispiel vom Meer: Du kannst Wellenberg und Wellental sehen und glaubst, die bewegte Oberfläche sei das Meer, bis du entdeckst, dass es eine dritte Dimension gibt – dass du auch in die Tiefe tauchen kannst.

Gutes tun, Schlechtes unterlassen

Wenn du in die Tiefe tauchen möchtest, musst du dich gut vorbereiten. Die Grundlage für die Praxis sind auch in diesem Übungsfeld Sila und Dana, also Tugendhaftigkeit und Gebefreudigkeit.

Noch einmal kurz zur Erinnerung: Sila bedeutet, Wertschätzung und Respekt gegenüber allen Lebewesen und ihren Bedürfnissen zu entwickeln. Diese Haltung äußert sich in Gedanken, Worten und Taten. Wenn du Gutes tust und Schlechtes unterlässt, schützt du dich damit vor Schwierigkeiten mit anderen Menschen und einem schlechten Gewissen. Du wirst außerdem weniger durch dein Ego bestimmt und schaffst Raum für spirituelle Entwicklung.

Umgekehrt kettet dich egoistisches Verhalten an die Vergangenheit, zum Beispiel durch ein schlechtes Gewissen oder die Reaktionen anderer. Es nährt zudem deine Ängste vor der Zukunft, weil du dich stärker bedroht fühlst, wenn du auf Distanz zu anderen gehst und sie vielleicht sogar zu deinen Gegnern machst. Wenn du dich hingegen um gutes Handeln bemühst, wirst du Verbindung erleben. Vergangenheit und Zukunft werden dir weniger Sorgen machen. Nur so bist du frei, dich in der Gegenwart direkt ins Fühlen zu begeben.

Spürbewusstsein in der Meditation

Ein wichtiges Mittel, um dir den Zugang zum fühlenden Bewusstsein zu erschließen, ist die Meditation. Du beginnst, indem du Verbindung zu deinem Atem aufnimmst. Mache zunächst drei tiefe, bewusst gesteuerte Atemzüge, um dich auszurichten.

Dann überlässt du den Atem sich selbst. Spüre, wie er in dich hineinfließt, deinen Brustkorb durchströmt, schließlich den Bauch und die Lungen von unten nach oben füllt wie ein großes Gefäß.

Versuche dann, die Lücke wahrzunehmen, die zwischen Ein- und Ausatmen entsteht. Begleite den Atem, wenn er aus dem Bauch wieder herausströmt, zurück durch den Brustkorb, den Hals und schließlich die Nasenlöcher.

Lass nach einer Weile das Bild vom Gefäß wieder fallen und versuche, dich ganz aufs Fühlen auszurichten. Natürlich werden dabei Gedanken aufkommen. Unterdrücke sie nicht und wehre dich nicht dagegen. Gewalt ist nie ein Mittel, um klarer zu werden und tiefer zu spüren. Wer betrachtet die Gedanken denn als Problem? Es ist das Verstandesbewusstsein. Wenn du Wellen als Störenfriede siehst, kannst du die Tiefe des Ozeans nicht erkennen. Aufsteigende Gedanken und Bilder sind kein Zeichen von Unvollkommenheit, sondern ganz natürliche Vorgänge, Teil des großen Spiels. Allmählich wird deine Wahrnehmung sich weiten. Du wirst zwei Dinge zugleich erleben: deinen Atem und im Hintergrund bewusstes Sein.

Wenn du Wellen als Störenfriede siehst, kannst du die Tiefe des Ozeans nicht erkennen.

Auch körperliche Schmerzen werden bei der Meditation immer wieder einmal auftreten. Sie können verschiedene Ursachen haben. In manchen Fällen sind rein körperliche Gründe dafür verantwortlich. Das lange ungewohnte Sitzen ruft außerdem häufig Knie- und Rückenschmerzen hervor. Und nicht zuletzt können körperliche Schmerzen auch im Geist wurzeln. So rufen zum Beispiel schmerzhafte Erinnerungen oder Ängste oft Verspannungen hervor.

Versuche, auch Schmerzen nicht als Fehler zu betrachten. Wenn du das tust, handelt es sich dabei wieder nur um eine Bewertung, die das Verstandesbewusstsein vornimmt.

Prinzipiell haben Schmerzen zwar die Funktion, dich zu warnen, damit du körperliche Schädigungen verhindern kannst. Rein körperlich bedingte Schmerzen verlangen eventuell nach medizinischer Versorgung. Schmerzen während der Meditation sind aber normalerweise kein Anzeichen für Gefahr. Es ist nicht hilfreich, bei jeder unangenehmen Körperempfindung die Haltung zu verändern, denn so wirst du dich nur auf dein körperliches Wohlbefinden ausrichten und deine Wahrnehmung nicht vertiefen können.

Wenn Schmerzen auftreten, kannst du sie zunächst zu deinem Meditationsobjekt machen. Löse deine Achtsamkeit vorübergehend vom Atem und lenke sie auf die Schmerzen. Wenn du schon etwas geübter bist, kannst du vielleicht die Verbindung zum Atem im Hintergrund aufrecht erhalten. Denke nicht über den Schmerz nach und versuche nicht, ihm zu entkommen. Erforsche ihn stattdessen: Wie fühlt sich der Schmerz an? Wo sitzt der Schmerz? Ist er stechend, brennend, pulsierend? Eher punktuell oder eher flächig? Hat er ein Zentrum? Verändert er sich? Du wirst feststellen, dass sich der Schmerz fortwährend verändert. Manchmal verschwindet er auf diese Weise von selbst. Bleibt der Schmerz aber und wird zu stark, um ihn direkt zu erspüren, kannst du natürlich deine Sitzhaltung verändern. Bleibe dabei sehr achtsam und beobachte, wie dein Körper und dein Geist reagieren.

Generell gilt: Je mehr du dich auf Schmerz einlässt – sei es körperlicher oder psychischer –, desto weniger wirst du unter ihm leiden. Wenn du hingegen in Widerstand gegen

Schmerz gehst, wirst du Dukkha stärken. Dukkha ist nicht das Gleiche wie Schmerz, sondern es ist das Leiden, das aus dem Widerstand gegen Schmerz entsteht – und mit dem Widerstand wächst. Da das Spürbewusstsein ohne Widerstand ist, lässt es auch nicht zu, dass aus Schmerz Leid entsteht.

Leiden entsteht aus Widerstand gegen Schmerz.

Verstandesbewusstsein in der spirituellen Praxis

Meditation wird dir den Zugang zum fühlenden Bewusstsein nur eröffnen, wenn du dem Verstandesbewusstsein nicht zu viel Einfluss lässt. In dieser Hinsicht tappen wir leicht in eine Falle: Wir sind daran gewöhnt, das Verstandesbewusstsein einzusetzen, um bestimmte Ziele zu erreichen. Weil das im Alltag gut funktioniert, neigen wir dazu, diese Strategie auf unser spirituelles Üben zu übertragen. Wir praktizieren, *um* uns zu entwickeln.

Und wir glauben, dass wir bestimmte Mittel einsetzen müssen, um unser Ziel zu erreichen. Das bedeutet nicht, dass wir uns keine Ziele setzen sollten. Ganz im Gegenteil: Ziele sind wichtig.

Wie ein Leuchtturm helfen sie uns dabei, uns auszurichten. Es wäre aber nicht hilfreich, die ganze Zeit nur auf das Licht in der Ferne zu starren und dabei das Steuerrad, die Instrumente und unser Fahrwasser aus den Augen zu verlieren. Konzentriere dich also lieber aufs Hier und Jetzt und schau ab und zu auf zum Licht des Leuchtturms, um Kurs zu halten.

In der Praxis verwechseln wir leider oft das Ziel mit dem Weg und suchen nach Mitteln und Wegen, sofort anzukommen. Du hast zum Beispiel gehört, dass Meditation zu mehr Ruhe führt. Also setzt du dich auf dein Kissen, versuchst den Atem zu beobachten und wartest auf die versprochene Ruhe. Und was erlebst du? Gedanken über Gedanken, innere Bilder, Rastlosigkeit, inneren Lärm – Unruhe. Und was tust du? Du nimmst dir vor, dich noch mehr anzustrengen. Dieses Vorgehen ist dir aus dem Alltag vertraut: Wenn du ein Ziel erreichen willst, musst du dich anstrengen.

Du kannst dir merken: Immer wenn du Meditation als anstrengende Übung betrachtest, bist du im Verstandesbewusstsein. Wenn du denkst: »Ich sollte mich mehr anstrengen«, nimm diesen Gedanken als Alarmglocke, denn du steuerst in eine Sackgasse. Die Meditation wird durch Anstrengung nicht ruhiger werden, die Gedanken werden nicht aufhören. Stattdessen wirst du dich verkrampfen. Möglicherweise gibst du irgendwann erschöpft auf, weil du das Vertrauen in die Meditation verloren hast. Oder du suchst den Fehler bei dir selbst: »Ich habe mir wirklich Mühe gegeben, aber ich kann das nicht.«

Effizienzdenken in der Meditation führt in eine Sackgasse.

Diesen Frust kannst du dir ersparen, indem du die Perspektive wechselst. Statt dich anzustrengen, sage dir: »Es gibt nichts zu tun und nichts zu erreichen.« Du praktizierst zwar entschlossen und verwendest dabei die jeweiligen Meditationstechniken. Aber du fokussierst nicht auf die Ziele, sondern überlässt dich dem Moment. Anders formuliert:

Du schaltest vom Tun-Modus in den Sein-Modus, vom Verstandesbewusstsein ins Spürbewusstsein. Du kannst darauf vertrauen, dass auf diese Weise Entwicklung geschehen wird.

Vielleicht hast du diesen Wechsel der Herangehensweise schon gelegentlich erlebt: Für einen Moment hast du deine Erwartungshaltung aufgegeben und dich nicht mehr angestrengt. Du hast gesagt: »Okay, ich nehme es jetzt mal, wie es kommt.« Wahrscheinlich hast du dann ganz unverhofft tiefe Ruhe erfahren. Der Kampf um Kontrolle hörte auf und die Gedanken konnten dir nichts mehr anhaben.

Der Geist beruhigt sich ganz von alleine, wenn man ihn nur lässt. Was machst du, wenn du ein Glas trübes Wasser hast und möchtest, dass es klarer wird? Drückst du jedes einzelne Schwebeteilchen auf den Boden des Glases? Oder lässt du das Wasserglas einfach stehen – im Vertrauen darauf, dass die trübenden Teilchen sich absetzen werden? Genau so klärt sich der Geist, wenn du die Trübungen nicht durch Gedanken in Bewegung versetzt.

Der Geist beruhigt sich von alleine – wenn man ihn lässt.

Das Verstandesbewusstsein schlägt aber den entgegengesetzten Weg ein: Es denkt sich die ausgebufftesten Methoden aus, um den Geist zur Ruhe zwingen – und schafft damit Unruhe und Frustration.

Das Spürbewusstsein will den Geist nicht manipulieren, sondern schafft einfach die Bedingungen, dass er zur Ruhe kommen kann.

Spürbewusstsein im Alltag entwickeln

Auch im Alltag gibt es viele Möglichkeiten zu üben. Geeignet sind alle Aktivitäten, die dich aus dem Denken lösen und nicht zielgerichtet sind. Du kannst einen Spaziergang oder eine Radtour machen, bewusst Musik hören oder einen Milchkaffee trinken. Auch Haustiere können dir helfen: Wenn dich dein Hund schwanzwedelnd begrüßt oder deine Katze auf deinen Schoß springt und schnurrt, dann ist das eine Einladung: »Komm ins Fühlen, lass alles andere für einen Moment beiseite!« Nutze im Alltag auch die Lücken zwischen zwei Tätigkeiten. Halte einen Moment inne und gehe bewusst ins Spüren, bevor dein Verstandesbewusstsein die nächste Aufgabe in Angriff nimmt. Auch wenn das Spürbewusstsein führt, bleibst du handlungsfähig. Allerdings wirst du dich weniger davon leiten lassen, auf möglichst effektive Weise etwas erreichen zu wollen. Stattdessen entfaltet mitfühlendes Verständnis seine Kraft und du erlebst ein tiefes Gefühl von Verbindung.

Um den Kontakt zum Spürbewusstsein nicht zu verlieren, kannst du dich im Körper zu verankern.

Um im Alltag den Kontakt zum Spürbewusstsein nicht zu verlieren, ist es hilfreich, sich Anker zu schaffen. So ein Anker kann zum Beispiel dein Wohlfühlort im Körper sein. (Siehe auch Seite 186 ff.)

Oder du machst es so wie ich, wenn ich meine Hand auf meinen Bauch lege. Die Hand und den Bauch spürend verankere ich mich, auch während der Arbeit. Dann kommt das Verstandesbewusstsein hinzu und ich bitte zum Beispiel die nächste Patientin herein. Ich handle ein bisschen langsamer als sonst, denn es entstehen Lücken zwischen den einzelnen Schritten. Für mein Gegenüber ist das aber nicht direkt wahrnehmbar. Menschen, mit denen ich zu tun habe, werden die Atmosphäre vermutlich als angenehm empfinden, weil sie sich unbewusst eingeladen fühlen, die Situation und sich selbst ebenfalls direkt zu spüren.

Im Spürbewusstsein müssen wir uns gegenseitig nichts beweisen, sind also füreinander weniger anstrengend.

Je mehr wir auf der Ebene des Spürens miteinander in Kontakt treten, umso weniger müssen wir uns gegenseitig etwas beweisen. Wir müssen weniger darstellen und können uns wirklich aufeinander einlassen. Unsere Begegnungen werden weniger anstrengend.

Spürbewusstsein in der Natur

Eine wunderbare Möglichkeit, ins Fühlen zu kommen, ist die Natur. Spüre sie mit allen Sinnen – und gib den Dingen keine Namen! Die Ich-Bezogenheit deines Erlebens – die Dominanz des Verstandes – wird so in den Hintergrund treten und du öffnest dich für das Leben. Wenn deine Ich-Bezogenheit zurücktritt, wirst du dies stets als befreiend empfinden.

Ich erinnere mich an eine junge Frau, die mit ihrem ersten Kind schwanger war. Es stellte sich heraus, dass das Baby in ihrem Bauch nicht gesund war. Wir wussten nicht, wann es sterben würde, ob während der Schwangerschaft, direkt nach der Geburt oder erst Wochen später. Sicher war nur: Dieses Kind hatte keine Chance, lange zu leben. Die junge Frau entschied sich, nicht abzutreiben, sondern das Kind auszutragen. Sie kam immer wieder mit einer Menge Fragen in meine Sprechstunde, war aber erstaunlich ruhig und ausgeglichen.

»Woher nehmen Sie diese Kraft?«, fragte ich sie.

Sie antwortete: »Ich gehe ins Grüne. Ich fahre täglich mit der S-Bahn raus aus der Stadt und laufe durch den Wald, stundenlang.«

»Was erleben Sie dort?«, wollte ich wissen.

»Meine Gedanken kommen zur Ruhe. Ich vergesse die Welt. Ich denke nicht darüber nach, ob mein Kind schon morgen tot sein wird oder erst in einem halben Jahr. Ich denke nicht an die Zukunft. Ich bin mit mir und meinem Kind in diesem Moment. Ich muss nicht verstehen, warum das alles so ist. Ich muss gar nichts verstehen. Ich muss nichts tun, und so erlebe ich Trost.«

Hingabe

Der Weg ins Spüren führt über die Hingabe. Es gibt viele Mittel, die dir helfen können, Hingabe zu entfalten. In der Meditation kannst du üben, dich dem Atem hinzugeben. Du kannst Hingabe in der Liebe entwickeln. (Gemeint ist nicht die begehrende Liebe, sondern die Liebe, die keine Bedingungen stellt und sich verschenken will.)

Der Weg ins Spüren führt über die Hingabe.

Hingabe ist nicht für die besonders »erhabenen« Momente im Leben reserviert, sondern du kannst sie auch im Alltag erfahren: Deiner Arbeit kannst du dich ebenso hingeben wie einem Hobby. Du kannst hingebungsvoll in die Badewanne steigen oder das Badezimmer putzen. Du kannst dich hingebungsvoll um deine Kinder oder eine Freundin kümmern.

Wenn du magst, kannst du Hingabe auch in religiösen Praktiken üben: Gib dich dem Buddha hin, wenn du dich verbeugst. Ein Altar hat genau dann einen Wert, wenn er dir dabei hilft, dich zu öffnen, und wenn er dich in die Hingabe führt – und damit ins Spüren.

Beten

In die Hingabe können dich auch Gebete führen. Wie die Meditation kann das Gebet dich aus deinen Gedanken lösen, das Verstandesbewusstsein zum Schweigen bringen.

Anfangs wirst du dich dabei vielleicht auf ein greifbares Gegenüber beziehen wollen: Christen, Muslime oder Juden beten zu Gott. Buddhisten treten vielleicht in Dialog mit dem Buddha oder beten zu den Devas (so werden im Buddhismus bestimmte Geistwesen genannt). Letztlich ist nicht entscheidend, zu wem oder was du betest. Aufrichtiges Beten hat nicht zwangsläufig mit Glaube an eine Instanz außerhalb von dir zu tun, sondern vor allem mit Hingabe. Der indische Weise Nisargadatta Maharaj sagte sinngemäß: »Wenn du an Gott glaubst, arbeite mit ihm Hand in Hand. Wenn du nicht an Gott glaubst, gib dich hin.«

»Dein Wille geschehe!« – dieser Satz aus dem Vaterunser ist der Inbegriff von Hingabe. Aus ihm spricht eine

Haltung, die völlig frei von Widerstand ist. Das Verstandesbewusstsein funktioniert dem genau entgegengesetzt. Es fordert ständig: »Mein Wille geschehe.« Natürlich gibt es Menschen, die auf genau diese Art und Weise beten: Sie bitten Gott um etwas oder fordern es sogar. Das ist hier nicht gemeint. Gemeint ist aufzugehen in der Hingabe an das Leben, wie es gerade ist: »Dein Wille« ist auch mein Wille, und »du« und »ich« sind nicht wirklich getrennt.

»Dein Wille geschehe!«, ist der Inbegriff von Hingabe.

Mit der Zeit können deine Gebete den Charakter von Gesprächen verlieren. Mutter Teresa wurde einmal in einem Interview gefragt, wie sie zu Gott bete. Sie antwortete darauf sinngemäß: »Eigentlich höre ich ihm nur zu.«

»Was sagt er denn?«, wollte der Reporter wissen.

Mutter Teresa erwiderte: »Eigentlich sagt er nichts, er hört mir nur zu.« Und sie fügte hinzu: »Und wenn Sie das jetzt nicht verstanden haben, kann ich es Ihnen mit Worten nicht erklären.«

Das ist die Essenz des Betens: Verbundenheit in der Stille mit der überweltlichen Dimension, aus der eine unglaubliche Kraft erwächst.

Spüren heißt Erkennen

Wesentliche Veränderungen in deinem Leben beruhen nie allein auf Denken, sondern brauchen das Spüren. Nachdenken allein kann für Klarheit auf der intellektuellen Ebene sorgen, aber es führt nicht zu innerer Entwicklung. Es vermag Angst nicht aufzulösen und verändert auch deinen

Umgang mit anderen Menschen nicht grundlegend. Entwicklung benötigt gespürtes Erleben und Erkennen.

Nehmen wir das Beispiel der Vergänglichkeit: Natürlich weiß dein Verstand längst, dass alles vergänglich ist: der Körper, die Gefühle, jeder Gedanke … Aber selbst der klügste Gedanke über Vergänglichkeit wird dir kein tiefes Verständnis davon vermitteln.

Wenn du die Vergänglichkeit jedoch erlebst und durchschaust, bekommst du eine Ahnung von einer Dimension, die größer ist als jede vergängliche Form. Damit verlieren die vergänglichen Formen allmählich das Verlockende wie das Bedrohliche. Anhaftung und Widerstand werden schwächer. Du erlebst große Erleichterung.

Liebe spüren

Wenn du Zugang zum fühlenden Bewusstsein findest, wird sich in dir etwas öffnen. Körperlich ist es am ehesten in der Herzgegend spürbar. Du erlebst eine tiefe Verbundenheit mit dir und der Welt, die im Verstandesbewusstsein nicht möglich ist. Das begriffliche Denken kann dich weder dorthin führen, noch kann es zum Ausdruck bringen, was geschieht. Du erlebst solche Momente manchmal ganz unverhofft, wenn du ein Neugeborenes im Arm hältst oder wenn ein Hund an dir hochspringt, wenn du liebst oder einfach, wenn du im Alltag innehältst und vollkommen achtsam bist.

Du kommst in diesen Momenten in Verbindung mit einer subtilen Energie, die das ganze Universum durchzieht. Im Buddhismus nennen wir sie Metta. Diese Energie ist nichts, was du erreichen oder besitzen kannst. Sie ist, was du eigentlich *bist*, auch wenn du es oft vergisst. Es ist die Energie liebender Verbundenheit, in der Unterscheidungen zwischen dir und der Welt nicht mehr vorkommen. Sie zu spüren bedeutet, nach Hause zu kommen.

Nachwort

Jede Bergbesteigung beginnt mit der *Absicht*, den Berg zu besteigen. Spirituelle Praxis wird oft mit dem Besteigen eines Berges verglichen. In alten Texten wird das Dhamma beschrieben als »ein Weg, der aufwärts führt und der für alle möglich ist zu gehen«.

Wohin genau führt dieser Weg? Er führt vom Unfrieden zum Frieden, von Gier und Hass zu unbedingter Liebe, von der Dualität zur Einheit.

Diesen Weg zu gehen bedeutet, sich selbst zu verändern. Dafür ist Wissen nötig, ernsthafte Absicht sowie viel Geduld und Vertrauen. Das Wissen zu vermitteln ist Aufgabe spiritueller Lehrerinnen und Lehrer. Aus meiner Erfahrung ist es äußerst hilfreich, die Verbindung zu einem persönlichen Lehrer zu pflegen. Er oder sie kennt die nächsten Schritte auf deinem Weg und kann dich unterstützen, wenn dir die Kraft auszugehen droht. Um deine Absicht und Geduld zu stärken ist es förderlich, mit einer Gemeinschaft Gleichgesinnter zu üben. Der Buddha hat betont, dass wir die Bedeutung spiritueller Freunde gar nicht hoch genug einschätzen können. Denn spirituelle Praxis bedeutet auch, gegen den Strom zu schwimmen. Der breite Strom unserer Gesellschaft ist auf Angenehmes aus und vermeidet Unangenehmes. Spirituelle Praxis ist auf Heilsames aus und vermeidet Unheilsames.

Angeleitet von einem vertrauenswürdigen Lehrer und bestärkt von einer Sangha, hast du beste Bedingungen für deinen Weg und wirst viele überraschende Entdeckungen machen. Allmählich wird es freudvoller, friedvoller und stiller in dir werden. Dein Verständnis wird wachsen und selbstbegrenzende Identifikationen werden sich auflösen. Auf dem Weg vom Groben zum Feinen, vom Offensichtlichen zum Verborgenen wirst du allmählich erkennen, wer du bist.

Dies wird beglückend sein für dich und für alle, die mit dir in Berührung kommen.

ANHANG

Sila – die Tugendregeln

Wenn der Buddha neue Schülerinnen und Schüler unterwies, begann er immer damit, die Bedeutung von Dana und Sila – Gebefreudigkeit und Tugend – zu erklären. Die ethischen Grundsätze des Buddha lassen sich in einer goldenen Regel zusammenfassen: »Was du nicht willst, das man dir tu, das füg auch keinem andern zu.«

Genauso gilt die Umkehrung: »Was du willst, das man dir tu, das füge auch den anderen zu.« Sie zielen auf die Entwicklung einer Haltung ab: Ich möchte andere Menschen und Lebewesen nicht schädigen oder ihnen wehtun, sondern ich möchte ihnen respektvoll begegnen, sie schützen und unterstützen. Auf diese Weise möchte ich das Leid in der Welt vermindern.

Der Buddha gab Schülerinnen und Schülern fünf konkrete ethische Richtlinien mit auf den Weg. Es handelt sich dabei nicht um Verbote, sondern um Vorsätze, die du als Übung begreifen kannst:

1. Ich will mich darin üben, keine Lebewesen zu töten oder zu verletzen. Ich will Mitgefühl entwickeln und das Leben von Menschen, Tieren und Pflanzen nach besten Kräften schützen.
2. Ich will mich darin üben, nichts zu nehmen, was mir nicht gegeben wurde, also nicht zu stehlen oder Menschen etwas wegzunehmen. Ich will Großzügigkeit üben und andere nach meinen Möglichkeiten unterstützen.
3. Ich will mich darin üben, keine unheilsamen sexuellen Beziehungen zu pflegen, also anderen und mir selbst durch mein sexuelles Verhalten nicht zu schaden. In meiner Sexualität will ich verantwortungsbewusst und einfühlsam handeln.
4. Ich will mich darin üben, meine Sprache frei von Lügen, Verleumdungen, groben Worten und leerem Geschwätz zu halten. Ich will wahrhaftig, versöhnlich und heilsam sprechen.
5. Ich will mich darin üben, auf Alkohol und andere Rauschmittel zu verzichten. Ich will das zu mir nehmen, was der Gesundheit meines Körpers und der Klarheit meines Geistes dient.

Metta-Sutta
(Die Lehrrede von der Liebenden Güte)

Wem klar geworden, dass der Frieden des Geistes
das Ziel seines Lebens ist,
der bemühe sich um folgende Gesinnung:

Er sei stark, aufrecht und gewissenhaft,
freundlich, sanft und ohne Stolz.

Genügsam sei er, leicht befriedigt,
nicht viel geschäftig und bedürfnislos.

Die Sinne still, klar der Verstand,
nicht dreist, nicht gierig sei sein Verhalten.

Auch nicht im Kleinsten soll er sich vergehen,
wofür ihn Verständige tadeln könnten.

Mögen alle Wesen glücklich sein
und Frieden finden.

Was es auch an lebenden Wesen gibt:
ob stark oder schwach, ob groß oder klein,
ob sichtbar oder unsichtbar, fern oder nah,
ob geboren oder einer Geburt zustrebend –
mögen sie alle glücklich sein!

Niemand betrüge oder verachte einen anderen.
Aus Ärger oder Übelwollen wünsche man keinem
irgendwelches Unglück.

Wie eine Mutter mit ihrem Leben
ihr einzig Kind beschützt und behütet,
so möge man für alle Wesen und die ganze Welt
ein unbegrenzt gütiges Gemüt erwecken:

ohne Hass, ohne Feindschaft, ohne Beschränkung
nach oben, nach unten und nach allen Seiten.

Im Gehen oder Stehen, im Sitzen oder Liegen
entfalte man eifrig diese Gesinnung:
Dies nennt man Weilen im Heiligen.

Wer sich nicht an Ansichten verliert,
Tugend und Einsicht gewinnt,
dem Sinnengenuss nicht verhaftet ist –
für den gibt es keine Geburt mehr.

Übersetzung: Vimalo Kulbarz

Meditationsanleitungen

Die folgenden Meditations- und Kontemplationsanleitungen können dir helfen, in der Meditation Metta (»Liebende Güte«) und Achtsamkeit zu entwickeln. Eine weitere Übung unterstützt dich dabei, deinen Wohlfühlort im Körper ausfindig zu machen. Die Anleitungen sind nicht zum raschen Durchlesen gedacht. Ihre Wirkung können sie nur entfalten, wenn du dir Zeit nimmst und dich von ihnen führen lässt.

Versuche nicht, dir die Texte zu merken, um sie dann in der Meditation oder Kontemplation zu reproduzieren. Lass dir die Texte stattdessen von einer anderen Person vorlesen oder sprich sie selbst und nimm sie dabei auf, um dich dann in der Meditation oder Kontemplation von deiner eigenen Stimme leiten zu lassen. Dabei ist es wichtig, langsam zu lesen und zwischen den Sätzen genug Zeit zu lassen, um dann beim Hören mit der Vorstellungskraft folgen zu können und zu spüren.

Die dem Buch beigefügte CD enthält die Achtsamkeitsmeditation und die Metta-Meditation: Wünsche und Bedürfnisse.

Metta-Meditation: Bach

Um mit der Metta-Meditation zu beginnen, nimm deine Meditationshaltung ein. Schließe die Augen.

Spüre den Körper. – Erspüre den Atem. – Wenn du magst, kannst du eine Hand auf den Bauch legen oder in die Nähe deines Herzen. – Und du kannst ein wenig verweilen im Spüren. – Die sanfte Bewegung des Atems spüren, die feine Berührung der Hand spüren. – Alles, was du eben gedacht hast, kann jetzt ruhen. Du kannst dir erlauben, nur zu spüren. – Spüren und genießen.

Stell dir vor, du gehst jetzt aus diesem Raum hinaus. Verlässt dieses Haus. Gehst über eine Wiese. Du gehst zu einem Bach. Du setzt dich an den Bach. Du schaust in das ruhig dahinfließende Wasser des Baches. Und alles, was dir heute Schwierigkeiten bereitet hat, übergibst du jetzt dem Bach. Deine Müdigkeit, deine Widerstände – stell dir vor, du übergibst sie dem Bach. Und der Bach trägt sie zum Fluss. Und der Fluss trägt sie zum großen Meer, wo sie sich auflösen können.

Deine Zweifel, übergib sie dem Bach. – Deine Schmerzen, stell dir vor, du löst sie aus dem Körper und übergibst sie dem Bach. Und der Bach nimmt bereitwillig alles auf und trägt es zum Fluss. Und der Fluss trägt es zum großen Meer, wo alles sich auflöst.

Deine Sorgen, übergib sie jetzt dem Bach. – Die Einsamkeit, die dich bedrückt, stell dir vor, du löst sie aus dir heraus und übergibst sie dem Bach. – Und alles nimmt der Bach auf und trägt es fort zum Fluss. Und der Fluss zum Meer.

Deine Angst, übergib sie dem Bach. – Deine Wut, deine Trauer, alles Bedrückende, lass es jetzt los, lass es gleiten in den Bach. Und der Bach nimmt es bereitwillig auf. Nimmt es dir ab und trägt es fort zum Fluss. Und der Fluss trägt es zum Meer.

Ein dir lieber Mensch kommt über die Wiese. Er nähert sich dem Bach, nimmt neben dir Platz, am Ufer des Baches. Schaut wie du in das ruhig dahinplätschernde Wasser. Und langsam löst er seine Sorgen aus sich heraus und übergibt sie – wie du – dem Bach. Kummer, der ihn bedrückt, übergibt er dem Bach. Seine Sorgen übergibt er dem Bach. Der Bach nimmt Kummer und Sorgen auf, trägt sie fort zum Fluss. Und der Fluss trägt sie zum Meer, wo alles sich auflöst.

Die Selbstzweifel, die Minderwertigkeitsgefühle – alles übergibt der Mensch, der dir lieb ist, dem Bach. Schuldgefühle und Einsamkeit, er übergibt sie dem Bach. Und du siehst, wie der Mensch neben dir sich verändert, wie sich etwas löst in ihm. Mit jedem Loslassen öffnet sich etwas in ihm.

Alles Bedrückende und all der alte Schmerz kommen in den Bach, und der Bach trägt alles fort zum Fluss. Der Fluss zum Meer, zum großen Meer. Du siehst, wie der Mensch neben dir sich öffnet. Siehst vielleicht ein lange nicht gesehenes Lächeln oder eine Träne der Erleichterung.

Lass jetzt langsam das Bild von euch mit der Wiese und dem Bach verblassen. Spüre, dass du hier in diesem Raum sitzt. Spüre die sanften Bewegungen des Atems und die schützende Berührung deiner Hand.

Metta-Meditation: Wünsche und Bedürfnisse

Nimm deine Meditationshaltung ein und schließe die Augen. – Erspüre deinen Körper. – Erspüre jetzt deinen Atem.

Und nun erspüre allmählich deine tieferen Bedürfnisse. Was wünschst du dir wirklich? Vielleicht Akzeptanz, menschliche Wärme, Geborgenheit. Vielleich wünschst du dir, erwünscht zu sein.

Stell dir nun vor, du bist deine eigene beste Freundin. Als beste Freundin nimmst du dich jetzt selbst in den Arm, und aus deinem Herzen flüsterst du dir zu: Möge ich ohne Angst sein und ohne Widerstand. Möge ich vertrauen können und Zufriedenheit erleben.

Denke nun an einen Menschen, der dir nahesteht. Lass diesen Menschen vor deinem inneren Auge erscheinen. Schau dir den Menschen an. Schau tiefer in ihn hinein. Schau auf seine tieferen Wünsche und Bedürfnisse. Was wünscht sich dieser Mensch wirklich? Vielleicht sehnt er sich nach Akzeptanz, Geborgenheit, menschlicher Wärme. Nimm diesen Menschen nun behutsam in deine Arme. Und aus ganzem Herzen kannst du ihm wünschen: Mögest du ohne

Angst sein und ohne Widerstand. Mögest du Geborgenheit erleben und vertrauen können …

Gehe nun in Verbindung zu den Babys, die heute in deiner Umgebung geboren wurden. Vielleicht liegen sie gerade auf dem Bauch ihrer Mutter. Vielleicht hält sie der Vater im Arm. Vielleicht schlafen sie in einem Kinderbettchen. Auch wenn du keine näheren Umstände kennst: Was wünschen sich die Neugeborenen dieses Tages? Sie wünschen sich, erwünscht zu sein. Sie sehnen sich nach Geborgenheit und nach menschlicher Wärme. Öffne dein Herz für die Neugeborenen dieses Tages. Und du kannst jedem von ihnen wünschen: Mögest du ohne Angst sein und ohne Widerstand. Mögest du vertrauen können und Geborgenheit erleben.

Gehe nun in Verbindung zu den Menschen, die heute im Sterben liegen. Vielleich befinden sie sich in einem Krankenhaus, in einem Altersheim, zu Hause. Vielleicht sind sie allein, vielleicht ist ein lieber Mensch in ihrer Nähe. Wonach sehnen sich die Sterbenden dieser Nacht? Sie brauchen Vertrauen. Sie sehnen sich nach Geborgenheit und Wärme. Auch wenn du keine Einzelheiten weißt: Öffne dein Herz für die Sterbenden dieser Nacht. Und aus deinem Herzen kannst du ihnen wünschen: Mögest du ohne Angst sein und ohne Widerstand. Mögest du vertrauen können und leicht über die Schwelle gehen.

Gehe nun in Verbindung zu den Menschen in deinem Umfeld. Menschen, die sich wie du irgendwo zwischen Geborenwerden und Sterben bewegen. Auch wenn du sie nicht genau kennst: Was wünschen sich die Menschen in deinem Lebensumfeld wirklich? Sie sehnen sich nach Akzeptanz. Sie wünschen sich, erwünscht zu sein. Sie brauchen menschliche Wärme. Öffne jetzt dein Herz für diese Menschen. Und wer auch immer dir in den Sinn kommt: Du kannst ihm wünschen: Mögest du ohne Angst sein, ohne Widerstand. Mögest du vertrauen können und Geborgenheit erleben. Mögest du leicht und unbeschwert durch dein Leben gehen.

Lass nun alle Vorstellungen und Bilder langsam verblassen. – Spüre, wie du hier in diesem Raum sitzt. – Spüre dein Herz. Dein Herz, das Liebe verschenken kann und Liebe empfangen kann.

Mögest du dich selbst wertschätzen können. Mögen alle Menschen einander wertschätzen können.

Übung: Wohlfühlort

Diese Übung kann dir helfen, deinen Wohlfühlort im Körper zu finden. Der Wohlfühlort ist ein Bereich in deinem Körper, den du leicht und gerne spürst, an dem du mit deiner Wahrnehmung gerne verweilst. Du fühlst dich dabei wohl, und es fällt dir leicht, mit dir selbst zu sein.

Gib dir nicht vor, wo dein Wohlfühlort sein soll. Vielleicht ist er im Brustraum, vielleicht aber auch an einer ganz unerwarteten Stelle, in der Wirbelsäule oder in den Beinen oder Händen. Versuche spürend herauszufinden: Wo ist mein Wohlfühlort?

Wenn du einen Bereich gefunden hast, dann suche ihn regelmäßig auf, um den Zugang zu ihm zu erleichtern und zu stärken. Es gilt, sich dort zu zentrieren, zu gründen. Je mehr du dich in diesen Ort vertiefen kannst, umso weniger kann dich äußeres Geschehen stören oder verletzen.

Direktes Fühlen im Wohlfühlort bringt dich in ein Erleben von Fülle. Jeder Moment der Verankerung im Wohlfühlort ist wie ein Kurzurlaub und hilft dir in schwierigen Situationen deines Alltags.

Anleitung

Nimm deine Meditationshaltung ein oder eine andere bequeme, aufrechte Haltung. Schließe die Augen und spüre, dass du atmest. – Spüre, wie der Atem in den Körper hineinströmt und wie er ihn wieder verlässt. – Lass jetzt die Dinge um dich herum in den Hintergrund treten. Lass das Erleben vom Hinein- und Hinausfließen des Atems für diesen Moment das Wichtigste auf der Welt sein. Praktiziere so einige Minuten.

Gehe nun in Verbindung zu deinem Brustraum. Spüre, wie der Atem den Brustraum sanft dehnt und hebt. Spüre allmählich tiefer in den Brustkorb hinein. Versuche, den Brustraum von innen zu erfühlen. Versuche dabei nicht, etwas herauszufinden, zu erreichen oder zu bewirken – nur fühlend in Verbindung kommen. Wenn Gedanken dich besetzen wollen, erspüre wieder mehr, wie der Atem den Brustraum dehnt und hebt.

Gehe nun in Verbindung zum Bauchraum. Auch hier erspüre zunächst das Dehnen und Weiten, das Lösen des Atems, das Senken der Bauchdecke. Fühle allmählich den Bauchraum von innen. Erlebe geduldig, dass immer wieder Gedanken auftauchen, aber versuche, sie nicht weiter zu beachten.

Gehe nun in Verbindung zum Rücken. Erspüre die Wirbelsäule. Vielleicht spürst du den Zentralkanal, vielleicht die Energie im Zentralkanal.

Begib dich mit deiner Aufmerksamkeit nun in den Bereich des Körpers, in dem du dich jetzt am wohlsten fühlst. Lass dir Zeit, diesen Bereich zu finden. Vielleicht ist er im Unterbauch oder in der Nähe des Sonnengeflechtes unterhalb des Zwerchfells. Vielleicht ist er im Brustraum, vielleicht in der Gegend des Zentralkanals …

Wenn du einen solchen Wohlfühlort gefunden hast, dann lass dich hier tiefer ein. Folge keinen Vorstellungen, sondern verweile spürend. Vielleicht erspürst du Ruhe, Wärme, Energie, Weite, erlebst Gegenwärtigkeit. Verweile, ohne etwas beschreiben zu wollen. – Wenn Gedanken dein Spüren überlagern, dann akzeptiere dies. Akzeptiere, dass es noch einer Weile geduldigen Wartens bedarf. Mach kein Problem daraus. Lass dir Zeit, einfühlend zu verweilen. – Sei mit dir in deinem Wohlfühlort. – Erlebe zu sein.

Erspüre jetzt wieder deinen Körper. – Erspüre den Atem. Mögen alle Menschen einen Wohlfühlort in sich finden.

Achtsamkeitsmeditation

Eine der bekanntesten Lehrreden des Buddha ist die Anapanasati-Sutta, die Lehrrede von der Achtsamkeit auf den Atem. Die folgende Meditation orientiert sich am Aufbau dieser Lehrrede und hilft dir, dich vom Atem zu Ruhe und Einsicht führen zu lassen.

Anleitung

Nimm deine Meditationshaltung oder eine andere bequeme, aufrechte Haltung ein. Schließe die Augen und spüre, dass du atmest. – Einatmend werde dir des Einatmens bewusst. – Ausatmend werde dir des Ausatmens bewusst. – Erlebe das Hineinströmen der Luft beim Einatmen und das Hinausfließen der Luft beim Ausatmen.

Erlebe den ganzen Atemfluss. Weniger beobachtend, mehr fühlend den Atem erleben. Erleben und genießen: das Weiche, das Feine, das Sanfte des Atems. Nichts mit dem Atem machen. Keine Konzepte vom Atem. Nur spüren. Erspüren, was jetzt ist.

Einatmend werde dir des Körpers bewusst. – Ausatmend werde dir des Körpers bewusst. – Erlebe deinen Körper. – Erlebe, dass er hier sitzt. – Und erlebe auch, wie er hier sitzt.

Gehe nun in Kontakt zu deinem Kopf. – Zum Gesicht. – Entspanne dein Gesicht. Beginne mit der Stirn, spüre die Stirn. Wenn du Spannung spürst, Spannung lösen; dein Ausatmen kann dir helfen, die Stirn zu entspannen. Löse die Spannung mit dem Ausatmen. – Jetzt die Augengegend erspüren und entspannen. – Wangen, Kieferwinkel – spüren und lösen. Der Mund jetzt leicht geöffnet, die Zunge am Gaumen. – Gehe nun in das Innere des Kopfes und fühle den inneren Kopf. Mach dir keine Vorstellungen vom Kopf, sondern spüre. Wie fühlt sich der Kopf innen an? – Wenn du nichts erspüren kannst, gehe nicht mit Gewalt vor, warte geduldig noch ein wenig. – Spüren im Kopf.

Gehe weiter zu den Schultern. Die Schultern erst einmal insgesamt spüren, eher von außen. Wenn du Spannung spürst: Spannung lösen. Den Atem dabei zu Hilfe nehmen. Spüren, wie du mit dem Ausatmen die Spannung löst. – Wenn sich nicht alle Spannung lösen will, darf das jetzt auch so sein.

Du kannst dich jetzt mehr nach innen einfühlen in die Schultern. Was kannst du dort fühlend erleben? – Wenn Gedanken kommen, Erklärungen, lass dich nicht von ihnen irritieren. Bleibe beim Fühlen.

Erspüre nun Arme und Hände. Erspüre, dass sie da sind und in welcher Stellung sie sich befinden. – Und nun erspüre Arme und Hände von innen. – Sind sie lebendig? Kannst du das Leben spüren in Armen und Händen? Als Wärme vielleicht? Als subtile Bewegungen? Energie?

Gehe weiter zum Brustraum. Spüre zunächst die Bewegungen des Atems im Brustraum. – Und nun fühle dich allmählich hinein in die Tiefe des Brustraums. Was kannst du dort erfühlen? – Härte? Spannung? Wärme? Pulsieren? – Es geht nicht um das Benennen, sondern um das Erspüren. – Keine Vorstellungen, keine gedanklichen Vorstellungen vom Brustraum, nur hineinfühlen, einfühlsam. Wenn du nichts fühlen kannst, wieder mit Geduld noch ein wenig warten, lauschen. Manches braucht noch Zeit, bis es sich zeigen will. Nichts erzwingen.

Gehe jetzt weiter zum Bauchraum. – Zunächst wieder den Atem dort erspüren. Wahrnehmen, wie das Einatmen den Bauch hebt und weitet und wie das Ausatmen löst und entspannt. – Kannst du das Leben im Bauchraum spüren? – Nach innen gehen, das Leben im Bauchraum spüren. Vielleicht als Wärme, Bewegungen, vielleicht als Energie. – Wenn Gedanken dich ablenken, kannst du immer wieder zurückgehen zum Atem, zu den Bewegungen des Atems im Bauchraum. – Und dann wieder zurück zum Einfühlen.

Gehe langsam weiter. Gehe in Verbindung zur Wirbelsäule. – Vielleicht kannst du auch hier den Atem erfühlen, wie eine Welle, die die Wirbelsäule hinunterläuft und sich wieder zurückzieht. – Dich behutsam in die Wirbelsäule einfühlen. – Kannst du das Leben in der Wirbelsäule fühlen? Ist die Wirbelsäule lebendig? Denkst du nur, sie ist lebendig, oder fühlst du, sie ist lebendig?

Einatmend werde dir der Gefühle bewusst. – Ausatmend werde dir der Gefühle bewusst.

Erspüre zunächst die Emotionen, die jetzt da sind. Vielleicht bist du in diesem Moment leicht ärgerlich, ungeduldig, vielleicht sind auch freudige Emotionen spürbar. Vielleicht ist so etwas wie Trauer spürbar. Oder Zufriedenheit, Inspiration? – Wenn verschiedene Emotionen spürbar sind, diese erleben.

Emotionen vergehen rasch. Unter den Emotionen liegt die Ebene der Stimmungen, die länger anhalten. Mit gesammelter Achtsamkeit kannst du dich nun in diese Ebene hineinspüren. Wie fühlt sich dieser Tag an? Wie ist die Atmosphäre dieses Tages? Nichts benennen, nichts erklären, nur die Stimmung dieses Tages erspüren.

Auch diese Schicht ist durchlässig. Darunter befindet sich, noch subtiler, die Atmosphäre dieser Lebensphase. Mit immer feinerer Achtsamkeit kannst du dich in diese Schicht hineinspüren. Wie fühlt sich dein Leben in den letzten Monaten und Jahren an?

Und unter dieser Schicht, ganz in der Tiefe, liegt die Ebene der Grundstimmung deines Lebens. Eine ganz feine Dimension von »angenehm« oder »unangenehm«. Behutsam kannst du dich in diese subtilste Schicht einfühlen.

Komme nun langsam durch die Schichten zurück: die Atmosphäre dieser Lebensphase – die Stimmung dieses Tages – die Emotionen dieses Momentes.

Einatmend werde dir des Bewusstseins bewusst. – Ausatmend werde dir des Bewusstseins bewusst.

Löse dich nun von allen normalen Geistesaktivitäten. Löse dich von allen Gedanken und erlebe den Raum des Bewusstseins, der die Gedanken erst ermöglicht. – Achte nicht mehr auf die Form, Gedankenform, Bilderform, sondern entspanne dich hinein in den Raum. Entspanne dich in die Weite, in die Stille des Bewusstseins. – Erleben von stiller Weite, klarer Stille. Ohne Form, ohne Bewegung. – Wenn du dich abgelenkt erlebst, erspüre den Atem. Verweile ein wenig beim Atem und entspanne dich zurück in den Raum.

Einatmend werde dir der Erscheinungen bewusst. – Ausatmend werde dir der Erscheinungen bewusst.

Erlebe nun die Erscheinungen, die im Bewusstsein auftauchen und wieder vergehen. Erlebe, wie ein Gedanke kommt, wie er kurz da ist und wieder verschwindet. Ein neuer Gedanke folgt. – Prüfe, ob du einen Gedanken festhalten kannst, oder ob sie alle flüchtig sind. – Innere Bilder steigen auf, Erinnerungsbilder vielleicht. Erlebe, wie sie kommen und gehen – nicht zu greifen, nicht festzuhalten. Sie sind wie ein Fluss, wie Malerei in der Luft. – Sie sind da und du kannst gleichsam durch sie hindurchgehen. Verweile ein wenig im Erleben dieses Flusses, im Entstehen, Aufleuchten und wieder Vergehen. – Und verweile ein wenig im Erleben der wolkengleichen, durchlässigen Energie, der Gedanken, Emotionen und Bilder. Vollkommen durchlässig, nichts Festes und nichts, von dem du sagen könntest: »Das gehört mir, das bin ich.« Einatmend erspüre den Einatem. – Ausatmend erspüre den Ausatem.

Danksagung

Ursula Richard von der Edition Steinrich gab den Anstoß zu diesem Buch. Sie vertraute uns während der Entstehungsphase und unterstützte uns als Lektorin mit vielen wichtigen Verbesserungsvorschlägen. Dafür bin ich sehr dankbar.

Einen großzügigen Beitrag zur Entstehung dieses Buches leisteten Judith Holfelder-Roy und Sebastian Roy. Ich fühle mich beiden in Dank verbunden.

Sieglinde Wicht transkribierte die zugrunde liegenden Vortragstexte und leistete damit unverzichtbare Vorarbeit. Dafür danke ich ihr sehr.

Für die Vorarbeit zum Kapitel über Angst danke ich Bettina Schaschke, Olav Borowicz, Vanessa Schwabe und Manfred Klau.

Mein besonderer Dank gebührt Holger Wicht, der meine Vorträge und Texte in die vorliegende Form brachte. Seine journalistischen Fähigkeiten sowie seine Begeisterung, seine Hingabe und sein Vertrauen machten die vielen gemeinsamen Stunden der Entstehung dieses Buches zu einer wichtigen Zeit für mich.

Traudel Reiß hat Satz und Korrektur übernommen und dabei mit ihrer Kompetenz und Erfahrung einen wertvollen Beitrag geleistet. Dafür bin ich ihr sehr dankbar.

Mein Dank gilt auch allen Menschen, die das Lotos-Vihara-Meditationszentrum und meine Retreats besuchen. Ohne ihre Offenheit und ihr Interesse am Dhamma wären die Vorträge, die Grundlage dieses Buches sind, nicht entstanden.

Die Liebe meiner Lehrerin Ayya Khema und ihre Art, das Dhamma zu lehren, inspirieren mich bis heute zutiefst und helfen mir, mich in der Lehre des Buddha zu verankern. Auch nach ihrem Tod bin ich ihr in tiefer Dankbarkeit verbunden.

Möge dieses Buch Ermutigung und Unterstützung sein bei der Suche nach der inneren Kraft und dem Potenzial, das wir alle in uns tragen.

Über den Autor

Dr. Wilfried Reuter wurde 1952 in Nordhessen geboren und wuchs auf einem Bauernhof auf. Er arbeitet heute als niedergelassener Frauenarzt in Berlin-Kreuzberg und verfügt über langjährige Erfahrung in der Geburtshilfe und Sterbebegleitung. Seit 1997 leitet Wilfried Reuter Meditierende an. Er ist spiritueller Leiter des Lotos-Vihara-Meditationszentrums in Berlin-Mitte.

Seine Suche nach einer spirituellen Heimat führte Wilfried Reuter in den 70er Jahren zunächst in christliche Zusammenhänge, später zu den Sufis, lange Zeit praktizierte er Zen-Meditation. Er unternahm zahlreiche Reisen nach Indien, wo er sich unter anderem auf die Spuren Mahatma Gandhis begab.

Große Bedeutung gewannen für Wilfried Reuter in den 1980er Jahren die Schriften des indischen Weisen Sri Ramana Maharshi, eines hinduistischen Lehrers in der Advaita-Vedanta-Tradition. In dessen Lehre von der Nicht-Dualität erahnte Wilfried Reuter Antworten auf seine Fragen, doch es blieb eine Sehnsucht nach konkreten Anleitungen und einem klar beschriebenen Weg.

Anfang der 1990er Jahre lernte Wilfried Reuter dann die Ehrwürdige Ayya Khema kennen, eine deutsche buddhistische Nonne, die in der Theravada-Tradition praktizierte. Sie stammte aus Berlin, hatte in vielen Ländern gelebt und lehrte im von ihr gegründeten Buddha-Haus im Allgäu. Wilfried Reuter wurde einer ihrer engen Schüler.

Kurz vor ihrem Tod im Jahr 1997 beauftragte Ayya Khema ihn, in Berlin ein Meditationszentrum aufzubauen und dort zu lehren. Im Jahr 1997 war Wilfried Reuter Mitbegründer des Vereins Lotos-Vihara e.V., 2007 eröffnete das gleichnamige Meditationszentrum. Wilfried Reuter lebt heute in diesem Zentrum und lehrt dort das Dhamma in Vorträgen, Kursen und Gruppen.

Über den Koautor

Holger Wicht, Jahrgang 1971, ist freier Journalist und Moderator. Er arbeitet für Print- und Onlinemedien sowie für Radio und Fernsehen und ist seit Ende der 90er Jahre freier Mitarbeiter der Deutschen AIDS-Hilfe. Von 2005 bis 2008 war er Chefredakteur des Berliner Stadtmagazins *Siegessäule*. Holger Wicht beschäftigt sich seit einigen Jahren intensiv mit dem Buddhismus. Er ist Schüler von Wilfried Reuter und gehört dem Vorstand von Lotos-Vihara an.
www.holgerwicht.de

Das Lotos-Vihara-Meditationszentrum

Wie eine Oase mitten in der Stadt liegt es zwischen den Plattenbauten in der Nähe des Alexanderplatzes: das Lotos-Vihara-Meditationszentrum. Umgeben von einem großen Garten, verfügt es über drei Meditationsräume in verschiedenen Größen und eine Bibliothek. Kleine Apartments bieten die Möglichkeit zu angeleiteten Einzelretreats. Im Lotos-Café treffen sich Dhamma-Praktizierende und Menschen aus der Umgebung. Zum vielfältigen Programm des Zentrums gehören Vorträge über die Buddha-Lehre, Meditationsabende und verschiedene Meditationsgruppen, darunter spezielle Gruppen für Menschen mit Krebserfahrung, für Schwangere und junge Eltern sowie für Ärzte und Therapeuten.

Lotos-Vihara-Meditationszentrum
Neue Blumenstraße 5
10179 Berlin (Mitte)
Tel.: 030-25 76 21 64
Fax: 030-24 08 31 59
info@lotos-vihara.de
www.lotos-vihara.de

Weitere Titel der Edition Steinrich

Fred von Allmen

Mit Buddhas Augen sehen

Buddhistische Meditation und Praxis

Aktualisierte Neuausgabe
Hardcover, 320 Seiten
ISBN 978-3-942085-01-4

Sylvia Wetzel

Das Herz des Lotos

Frauen und Buddhismus

Aktualisierte und erw. Neuausgabe
Hardcover, 288 Seiten
ISBN 978-3-942085-02-1

Weitere Titel der Edition Steinrich

Bernard Glassman

Anweisungen für den Koch

Lebensentwurf eines Zen-Meisters

Aktualisierte Neuausgabe
Hardcover, 224 Seiten
ISBN 978-3-942085-05-2

David Schneider

Street Zen

Leben und Wirken des Issan Dorsey

Neuauflage
Hardcover, 336 Seiten
ISBN 978-3-942085-07-6

Weitere Titel der Edition Steinrich

Ulrich Küstner

Tara Rokpa

Weg zu Freiheit und Mitgefühl

Originalausgabe
Hardcover, 296 Seiten
ISBN 978-3-942085-04-5

Akong Rinpoche

Den Tiger zähmen

Selbstheilung aus der Weisheit Tibets

Überarbeitete Neuauflage
Hardcover, 240 Seiten
ISBN 978-3-942085-06-9

Weiterer Titel der Edition Steinrich

Friederike Juen Boissevain

Zeitmuldenlieder

Gedichte aus der Stille

Originalausgabe
Hardcover, 240 Seiten
ISBN 978-3-942085-10-6

Verlagsadresse

Arndtstr. 34 • 10965 Berlin • Tel. 030-600 311 20
info@edition-steinrich.de

Unsere Bücher erhalten Sie über den Buchhandel oder direkt beim Verlag über www.edition-steinrich.de

www.edition-steinrich.de edition steinrich